IMPRIMERIE L. TOINON ET Cie, A SAINT-GERMAIN

ŒUVRES POSTHUMES DE P.-J. PROUDHON

CONTRADICTIONS POLITIQUES

THÉORIE DU MOUVEMENT CONSTITUTIONNEL AU XIXe SIÈCLE

(L'Empire parlementaire et l'Opposition légale)

LETTRE A MONSIEUR ROUY

RÉDACTEUR EN CHEF DE *la Presse*

EN FAVEUR DE L'ABSTENTION

PARIS

LIBRAIRIE INTERNATIONALE

15, BOULEVARD MONTMARTRE

A. LACROIX, VERBOECKHOVEN ET Ce

Éditeurs à Bruxelles, à Leipzig et à Livourne

1870

ŒUVRES POSTHUMES DE P.-J. PROUDHON

CONTRADICTIONS POLITIQUES

THÉORIE DU MOUVEMENT CONSTITUTIONNEL AU XIXe SIÈCLE

(L'Empire parlementaire et l'Opposition légale)

LETTRE A MONSIEUR ROUY

RÉDACTEUR EN CHEF DE *la Presse*

EN FAVEUR DE L'ABSTENTION

PARIS

LIBRAIRIE INTERNATIONALE

15, BOULEVARD MONTMARTRE

A. LACROIX, VERBOECKHOVEN ET C

Éditeurs à Bruxelles, à Leipzig et à Livourne

—

1870

R Picard

CONTRADICTIONS POLITIQUES

THÉORIE

DU MOUVEMENT CONSTITUTIONNEL

AU XIXe SIÈCLE

AVERTISSEMENT

Ce n'est pas sans scrupule que nous avons accepté la tâche de revoir, de préparer et de livrer à la publicité les œuvres inédites de P.-J. Proudhon. Ces œuvres, pour la plupart, au moment de sa mort, étaient encore, comme on dit, sur chantier. Or, nous avons assez longtemps vécu dans l'intimité de Proudhon pour savoir que, comme écrivain, il répugnait profondément à se montrer en négligé. Par respect pour lui-même autant que pour ses lecteurs, il apportait alors dans sa mise, — aucun de ses amis ne l'ignore, — toute la dignité, disons le mot, toute la coquetterie qui convient à un grand artiste. Puissions-nous, à cet égard, sans donner lieu au public de rien regretter du précieux héritage qui lui appartient et que nous lui transmettons, ne jamais faillir aux intentions de notre ami! En cela consiste peut-être la partie la plus délicate de notre tâche.

Nous avons dû conséquemment, dans certains cas, faire un choix, et laisser de côté des fragments encore informes. Il va sans dire que nous n'avons jamais risqué, que nous ne risquerons jamais, sur l'autorité incertaine et par une interprétation aventureuse de notes plus ou moins obscures, n'ayant de signification précise que pour leur auteur, de substituer notre pensée à la sienne.

C'était pour nous, d'ailleurs, un devoir sacré de reproduire avec la plus grande exactitude, dans son intégrité, dans toute sa pureté native, même avec quelques négligences de style, inhérentes à un premier jet, le texte original, confié à nos soins : nous n'y avons sciemment jamais manqué. Au risque d'être taxé de naïveté, nous avons poussé le scrupule jusqu'à signaler, en les insérant entre crochets, les mots restés quelquefois au bout de la plume de l'écrivain, et dont l'absence laissait matériellement imparfait le sens de la proposition.

Disons maintenant quelques mots du volume que nous publions aujourd'hui.

Il a été composé en 1864, dans le temps que la Prusse et l'Autriche, par un crime semblable à celui dont la Pologne fut victime au siècle dernier, opéraient le démembrement du Danemark.

Nous n'avons conservé qu'en partie le titre donné par Proudhon lui-même à cette œuvre : la pensée y était indiquée d'ajouter en appendice, comme application des principes développés dans l'ouvrage, un examen des actes de l'opposition dans la session législative qui avait précédé. Il n'a pas été donné à l'auteur de réaliser ce projet. L'ouvrage même n'a pas été achevé, et il est évident, pour nous du moins, que certaines parties en devaient être remaniées et développées.

Égale inanité de toutes nos constitutions politiques depuis 1789 ; absurdité de notre système électoral, dont la pratique par le suffrage universel ou restreint, n'a jamais été, en réalité, que l'abdication de la souveraineté nationale : telle est la double thèse affirmée et démontrée dans ce livre, qui est en même temps un énergique plaidoyer contre la centralisation, en faveur de la fédération.

Depuis longtemps, en politique, rien de cette force, parce que rien de cette sincérité animant une grande intelligence, n'a été publié. Rien aussi qui éclaire davantage sur la situation présente les esprits qui ne ferment pas systématiquement les yeux à la lumière.

Écrites il y a six ans, ces pages, en effet, n'en ont pas moins aujourd'hui, et au plus haut point, tout le mérite, tout l'intérêt de l'actualité. Jamais Proudhon n'avait d'un regard plus sûr et plus perçant plongé dans l'avenir. Il prévoyait alors ce qu'à cette heure nous voyons se produire : une nouvelle glorification du juste-milieu ; la France de 1848 et celle du 2 Décembre se déjugeant et faisant amende honorable à la France de Juillet; un retour aux institutions de 1830, au régime doctrinaire, aux hommes de la rue de Poitiers; « à ce système politique inventé tout exprès pour le triomphe de la médiocrité parlière, du pédantisme intrigailleur, du journalisme subventionné, exploitant la réclame et le chantage; où les transactions de conscience, la vulgarité des ambitions, la pauvreté des idées, de même que le lieu commun oratoire et la faconde académique, sont des moyens assurés de succès; où la contradiction et l'inconséquence, le manque de franchise et d'audace, érigés en prudence et modération, sont perpétuellement à l'ordre du jour. »

Nous avons cru pouvoir, avec à-propos, publier, à la fin de ce volume, une lettre, restée jusqu'ici inédite, écrite par Proudhon le 29 mai 1863, à l'occasion des élections générales de cette même année, et adressée au rédacteur en chef du journal *la Presse*. Cette lettre, qui résume les raisons de principe et de fait que l'auteur avait ailleurs déjà fait valoir, préconise l'abstention, non absolue, mais par *bulletin blanc*, aussi longtemps que le suffrage universel, qui, « organisé selon sa loi, est la constitution même de la démocratie, » reste dépouillé de ses conditions et de ses garanties normales, lésé, outragé dans sa majesté et son indépendance. Grâce au progrès des idées et des intelligences, fortifiées à cette heure par une plus longue expérience des choses et des hommes, cette doctrine sera certainement mieux appréciée qu'elle ne l'a été d'abord. La démocratie, justement punie par toutes les déceptions que lui ont infligées ses mandataires, a fini par reconnaître une de ses erreurs : elle commence à comprendre qu'en s'abaissant elle-même, en avilissant ses élus jusqu'au serment, avec cette circonstance aggravante de l'arrière-pensée du parjure, elle a prolongé elle-même ses misères et retardé le jour de son triomphe.

M.-L. BOUTTEVILLE.

AVANT-PROPOS

Il y a six semaines, à l'occasion de je ne sais quel traité intervenu, en 1852, entre le Danemark et la Confédération germanique, l'Europe faillit être précipitée dans une guerre universelle. Six grandes puissances, l'Angleterre, la France, la Russie, l'Autriche, la Prusse, la Suède, signataires dudit traité, semblaient, par leur diplomatie, s'être donné le soin de charger cette mine. L'équilibre européen, le principe de nationalité, celui des frontières naturelles, le droit dynastique, le droit féodal, les constitutions, les autonomies, etc., se trouvaient si bien mêlés, embrouillés, qu'après vingt ans de protocoles la Prusse et l'Autriche, avec cet esprit philosophique qui distingue les Allemands, jugèrent que le sabre seul pouvait avoir raison du problème. Grâce à elles, si l'alarme a été chaude, l'affaire s'est du moins terminée comme il convient entre nations civilisées et qui se respectent. Là où la politique s'était montrée impuissante, la force a fait droit. Le canon a parlé, le sang a coulé, l'honneur est satisfait. Danois et Germains ont vaillamment combattu à Idstedt, à Missunde, à Oversée, sur le Danewirke : pendez-vous, Français, vous n'y étiez pas.... Maintenant il est dit que le Sleswig-Holstein, quel que soit son prince, danois, prussien, ou indigène, fera partie de la Confédération germanique. Au fait, la nature des choses le voulait ainsi ; l'histoire, depuis Charlemagne, y poussait ; le besoin des populations le réclamait ; le Danemark lui-même n'y tenait guère : seuls, les complications, le droit féodal et les priviléges mercantiles, l'avaient empêché. Dieu veuille qu'il ne se trouve aujourd'hui ni Empereur, ni Congrès, ni dons Quichottes, pour séparer à nouveau ce que la Providence a voulu joindre !....

Au fond, que signifie le conflit dano-allemand? C'est qu'en dépit des traités de Westphalie et de ceux de 1815 l'Europe n'est pas constituée ; qu'elle cherche sa constitution. Les États dont elle se compose, et qui depuis 1815 ont commencé leurs débuts constitutionnels, ne sont eux-mêmes que dans le provisoire. L'Allemagne cherche sa fédération : malheur au monde, si elle venait à verser dans l'ornière unitaire ! La Prusse se débat entre sa démocratie et sa dynastie ; l'Autriche s'avance avec précaution dans sa voie à la fois impériale et fédérale ; l'Italie se meurt de la réunion de ses provinces ; la Belgique, à bout de son parlementarisme, maudit cléricaux et libéraux, et se retourne vers ses vieilles institutions communales ; la Russie ne fait que de naître à la liberté et à l'ordre ; l'Angleterre paraît se trouver bien, tant qu'elle exploite le monde : mais changez sa condition économique, et elle tombe en combustion. Quant à ce qui est de nous, Français, plus avancés que les autres, nous sommes en pleine dissolution. Est-il étonnant, après cela, que tantôt la Hongrie et tantôt la Pologne, tantôt l'Italie et tantôt le Holstein, tantôt la question d'Orient et tantôt celle du Pape, tantôt une révolution de Juillet et tantôt une révolution de Février, viennent faire trembler le monde ?

Actuellement, nous allons jouir d'un nouveau répit. L'œuvre de la diplomatie va recommencer : avec elle, le débat parlementaire, à Vienne, à Berlin, à Francfort, à Londres, — faut-il dire encore, à Paris? — pourra suivre son cours. Patriotes d'en deçà et d'au delà du Rhin, il paraît que ce n'est pas encore cette fois que nous nous coupons la gorge : profitons de ce court moment pour deviser entre nous des choses qui nous intéressent. Tandis que nos gouvernants se présentent les armes, jouent à la politique, échangeant des correspondances et des saluts militaires, essayons, nous autres, de pénétrer un peu plus avant dans le mystère de leur existence. Quant à vous, boursiers, rentiers, banquiers et courtiers, Dandins et Patelins, badauds et *gogos*, un instant distraits de vos graves occupations par la fanfare de Bellone, vous pouvez, jusqu'à nouvel ordre, revenir à vos moutons. Le cœur vous dirait-il, par hasard, d'une heure ou deux de flânerie démocratique et sociale ? D'abord, il est impossible, dans le gâchis où vous tiennent depuis quatre mois vos hommes d'État, sénateurs, députés, ministres, commissaires du gouvernement, que vous sachiez où vous en êtes ; et je vous défie, n'ayant pas l'habitude de ces sortes d'analyses, de vous orienter. Eh bien ! je m'offre à vous servir de cicerone. Consentez à m'accompagner dans cette promenade. Je vous montrerai ce que vous n'avez pas vu : une nation en travail de sa propre constitution. Êtes-vous curieux de connaître l'avenir? Vous en verrez un petit coin, comme dans une glace. Prenez et lisez : ce ne sera pas long, et pas plus ennuyeux qu'une discussion du Sénat ou du Corps législatif.

CONTRADICTIONS POLITIQUES

THÉORIE DU MOUVEMENT CONSTITUTIONNEL AU XIXe SIÈCLE

CHAPITRE PREMIER

UNE NATION QUI SE DÉJUGE

S'il est une tendance qui s'accuse en ce moment avec force dans notre *benoît* pays, c'est le retour au régime doctrinaire, ou, pour me servir d'une expression moins malsonnante, à la monarchie constitutionnelle. Avec les Bourbons, les d'Orléans ou les Bonapartes, sans préférence bien marquée pour l'une de ces dynasties plutôt que pour l'autre, la France aspire à se reconstituer selon les idées et les mœurs de 1830.

C'est chose en soi si anomale, si peu digne d'une nation devenue majeure et censée en possession d'elle-même, que le retour à un système épuisé, qu'il importe avant tout de bien constater le fait. D'autant plus que ce n'est pas la première rétrogradation de ce genre que nous ayons à nous reprocher.

Rappelons-nous que le plébiscite de 1851 conférait à Louis-Napoléon la Présidence pour dix ans, avec pouvoir de faire une constitution sur les données de 1799 ; — que, l'année d'après, la dignité impériale fut rétablie en la personne du même Louis-Napoléon, et accompagnée de sénatus-consultes ayant pour but de rapprocher la constitution de 1852 de celle de 1804, ou tout au moins de lui en infuser l'esprit. D'après cela, on pouvait, on devait même s'attendre, si ce mouvement de réédification napoléonienne se soutenait, à une transformation prochaine et définitive de la démocratie française en césarisme, ou, pour mieux dire, à la réalisation de la grande pensée de Napoléon Ier, le troisième Empire d'Occident. Admettant l'hypothèse des restaurations, ou rétrogradations politiques, la conséquence, je le répète, était rationnelle; j'avoue, pour ma part, que j'y comptais positivement.

Cependant, et en dépit des considérations de tout genre qui semblaient motiver cette transformation, l'analogie entre le premier et le deuxième Empire ne s'est pas soutenue. On peut même dire, malgré la ressemblance du nom, du titre et, jusqu'à certain point, de la forme, que les deux systèmes ne se continuent pas; leurs destinées ne sont point liées; historiquement parlant, ils sont cousins à la mode de Bretagne; il n'y a pas de parenté entre eux; tout au plus copie ou contrefaçon. C'est ce que l'initiative du chef actuel de l'État a pris la peine de nous démontrer elle-même. Au moment où l'on s'y attendait le moins, le 24 novembre 1860, un décret, *motu proprio*, de S. M. Napoléon III, est venu apprendre au pays cette étonnante résolution, que l'Empereur, loin de demander pour ses triomphes de Crimée et de Lombardie un surcroît d'autorité, songeait plutôt à se décharger d'une partie : la tâche, ce semblait-il, et la responsabilité lui pesaient trop ; il appelait les représentants du peuple à les partager avec lui ; il les invitait au contrôle ; il leur rendait la parole, il rouvrait le débat ; bref, il reconnaissait que les conditions du gouvernement n'étaient pas les mêmes en 1860 qu'en 1804, que le système de Brumaire appliqué à Décembre ne fonctionnait point, ce qui voulait dire que, si l'histoire se poursuit, elle ne se recommence pas.

Ces choses ne furent pas sans doute déclarées d'une manière explicite, officielle, et dans les termes dont je me sers. Rarement les communications de l'autorité donnent la vraie raison de ses actes; elle-même n'en a pas toujours conscience. Mais à bon entendeur demi-mot : on sait assez qu'en politique la parole a été inventée pour déguiser l'intention; donnez-moi seulement le texte de la loi, je me charge d'en déduire les motifs. L'Empereur, si l'on avait dû en croire les hiérophantes du 2 Décembre, s'était offensé d'entendre répéter que la vie politique était morte en France; que le Sénat était une assemblée de muets; que le Corps législatif, ne représentant plus la pensée du pays, ne rendait plus d'oracles, etc., etc. Et Napoléon III aurait voulu prouver, par un acte décisif, que la vie et la mort, en France, je parle au figuré, dépendaient de lui, et que, comme il avait la puissance d'occire, il avait aussi celle de ressusciter. Du reste, on attribuait exclusivement à la haute sagesse, à la générosité, à l'esprit libéral du prince, la pensée, toute gratuite, du nouveau décret.

Le fait était, et chacun peut en juger aujourd'hui, sans ôter rien au mérite de l'initiative impériale, au contraire; — le fait était, dis-je, que les conditions de développement dans lesquelles le second fondateur de l'Empire avait trouvé la France n'étaient plus du tout celles de 1799 et 1804; — que, depuis 1814, l'organisme politique et social s'était modifié de fond en comble, à tel point que l'idée napoléonienne, qui devait tout remettre à neuf, se trouvait impuissante, débordée sur tous les points. La terreur du socialisme avait pu faire momentanément illusion ; on s'était cru à la veille d'une liquidation générale; on avait cherché des exemples dans le passé. *Un chef, un chef!* demandait-on à cor et à cri, et l'homme du 2 Décembre, de même que celui de Brumaire, était apparu comme un sauveur. Mais, cette terreur absurde dissipée, les choses reparaissaient telles qu'elles n'avaient pas un moment cessé d'être; et Napoléon III, comme le mieux placé pour observer, avait dû, le premier, revenir à la réalité de la situation : ce qu'il avait fait, sans prévenir, par le décret du 24 novembre. Ainsi il avait fallu neuf ans pour reconnaître que l'axe de la civilisation ne s'était pas déplacé en 1848, et qu'on avait eu tort de s'en écarter !...

Quoi qu'il en soit, le décret du 24 novembre devint pour la nation si étrangement abusée comme le signal d'un réveil : malheureusement, les esprits étaient prévenus de telle sorte, que l'on ne comprit pas d'abord de quoi il s'agissait ; et, tandis que le pays n'eût pas demandé mieux que d'aller de l'avant, l'influence des traditions le jeta dans un nouvel écart. D'un côté, on ne voulait pas de la constitution républicaine, puisque c'était contre la République qu'avait été fait le coup d'État; d'autre part, on venait, par le décret du 24 novembre, de rompre avec la constitution de 1852; ajoutez que l'on ne possédait pas de programme pour une évolution ultérieure, et vous comprendrez comment l'on se trouva, sans presque l'avoir voulu, ramené à 1830. Chose singulière, la monarchie constitutionnelle, également détestée des républicains et des impériaux, allait fatalement redevenir, à la place de la République proscrite et de l'autocratie qui se récusait, l'objectif politique de la nation. Était-ce là ce qu'avait voulu l'auteur du décret du 24 novembre? Assurément, non : son dessein, en lâchant un peu les rênes, n'était nullement de changer d'allure pas plus que de véhicule. Napoléon III, tout en cédant, avec toute la prudence dont il était capable, à la nécessité des circonstances, entendait maintenir sa constitution dans l'esprit et dans la lettre, sauf à en réduire quelque chose dans l'application. La pensée impériale, selon toute apparence, n'allait pas au delà : mais c'est justement en cela, il faut bien le dire maintenant que l'erreur éclate à tous les yeux, c'est en cela que cette auguste pensée s'est fait illusion.

On ne fait pas ce que l'on veut d'un système, en fût-on mille fois l'inventeur : rien de plus rebelle, de plus inflexible, et, si j'ose m'exprimer ainsi, de plus entier. L'homme, en vertu de son libre arbitre, a la faculté de dire et de se dédire, de transiger sur tout ; il peut modifier à l'infini sa pensée, sa volonté, son action, son verbe ; sa vie n'est qu'une suite de transactions avec ses semblables et avec la nature. Une idée, au contraire, une théorie, un système, une constitution, un pacte, tout ce qui a reçu de la parole et de la logique l'expression et la forme, est chose définie, partant définitive ; chose inviolable, qui ne fléchit point, qui ne se prête pas ; qu'on ne peut quitter pour une autre, mais qui n'acquerra pas de nouvelles propriétés, c'est-à-dire qui ne deviendra pas autre en restant elle-même. C'est un verbe, immuable, absolu, incorruptible ; verbe que j'appellerais volontiers, à l'instar des grammairiens, intransitif.

Une constitution, par exemple, veut être ou intégralement respectée, ou intégralement rejetée : à cela point de milieu. On peut, il est vrai, entre deux constitutions opposées, insérer autant de moyens termes qu'on voudra ; mais chacune de ces constitutions mitoyennes est une œuvre nouvelle, distincte, exclusive, dans laquelle il est absurde de vouloir concilier les incompatibles, tels que sont le principe parlementaire et la prérogative impériale. S'imaginer, à raison de la faculté transactionnelle qui est en nous, que l'on peut introduire dans un système politique, à volonté, des modifications de toute sorte, et que c'est en cela que consiste le progrès, c'est faire fausse route; c'est sortir du droit et de la science, et se jeter dans l'arbitraire.

Je dis donc qu'autre chose est la constitution de 1852 et autre chose celle de 1830 ; que les deux sont inconciliables, et que tout ce qu'a produit le décret du 24 novembre, interprété par l'opinion, et rendant au Corps législatif et au Sénat quelques-unes des attributions que leur assurait la Charte de 1830, mais que leur a refusées la Constitution de 1852, ç'a été de soulever dans le pays, avec force bavardage, en ce qui concerne l'établissement impérial, des espérances illusoires; et, en cas de révolution dans le pouvoir, des aspirations rétrogrades.

Actuellement le pays est lancé : aucune compression ne saurait le retenir; et plus d'en haut on le prêche, par le Sénat, par la majorité législative, par les journaux, par la parole même du souverain, plus il s'acharne à sa passion; passion d'autant plus ardente qu'elle a tout l'attrait d'un antagonisme entre le peuple et le gouvernement. Déjà, nous venons de le voir, le succès ne manque pas plus que les arguments à cette idée qu'on croyait morte, et que la déviation des choses, la routine de l'opinion et l'imprévoyance du pouvoir se sont accordées à ressusciter.

Regardez ce qui se passe autour de vous, écoutez ce qui se dit : l'impossibilité désormais acquise de pousser la restauration bonapartiste jusqu'à sa dernière conséquence, c'est-à-dire à une constitution purement autocratique, comme celle de 1804; l'incompatibilité non moins flagrante entre un état militaire et une société industrielle, bourgeoise; le progrès de la liberté, disons mieux, de la fédération européenne, en sens contraire du développement impérial; la divergence de systèmes entre pays qui se touchant et se pénétrant, sont appelés à marcher à l'unisson; la comparaison incessante, intolérable du gouvernement personnel, suivi en France, avec le régime parlementaire, admis dans la plupart des États de l'Europe; l'inintelligence de la démocratie, incapable de produire l'idée et de fournir le personnel d'une république; la faveur tout à coup rendue aux hommes qui, si longtemps et avec tant d'éclat, avaient exprimé le système remis à l'ordre du jour; le titre d'*opposition légale*, sous lequel nous les avons vus se rallier; l'adoption de ce même titre par les quelques élus qui s'étaient d'abord portés comme représentants de l'opinion républicaine; le serment, symbole dynastique, prêté sans répugnance par tous ces anciens et nouveaux parlementaires, comme s'ils disaient à l'Empereur : « Soyez notre bras, et nos cœurs sont à vous ; » —le ralliement si prestement exécuté des masses électorales sous la bannière libérale de MM. de Girardin, Havin et Guéroult, amis de l'empire; la réapparition de la devise bourgeoise : *Liberté, Ordre public,* dans les circulaires de M. Pelletan; les transactions obligées, et déjà fort significatives, de la tribune; l'effet immense des discours de M. Thiers, devenu en trois jours l'homme de la situation, à qui la majorité du Corps législatif, si elle l'osait, ferait cortége, comme le lui fait, bon gré mal gré qu'elle en ait, la minorité; une foule de symptômes qu'il serait fastidieux de relever : tout cela ne dénote-t-il pas que le système de 1814, amendé en 1830, est devenu, malgré le suffrage universel qui a changé toutes les conditions du gouvernement, l'objectif politique, fantastique de la nation?

Jusque dans la région gouvernementale cet entraînement se manifeste. Sans doute la constitution de 1852 conserve des partisans énergiques; il en est même qui ne reculeraient pas devant le retrait du décret du 24 novembre. Mais ces dévouements à outrance n'appartiennent qu'aux amis de la première et de la dernière heure : le juste-milieu l'emporte; et si l'on ne saurait affirmer que le chef de l'État ait déjà pris le parti de s'y rallier, on ne peut pas dire non plus qu'il le repousse. Ce qui est sûr, c'est que l'entourage est partagé : la direction des débats au Sénat et au Corps législatif; la déférence des orateurs du gouvernement envers ceux de l'opposition; les politesses échangées; les avances faites; la certitude de voir les anciens partis se résoudre en un grand parti bonapartiste le jour où il conviendra au pouvoir d'accueillir leurs vœux; les préoccupations de régence, tout ce qui se passe, en un mot, dans la sphère élevée du pouvoir, de même que ce qui se révèle dans les couches profondes de la nation, indique que la transition s'effectue, et que la France de Février, après être devenue de si bonne grâce la France du 2 Décembre, est en train de faire, du meilleur de son cœur, amende honorable à la France de Juillet.

Ainsi, et par un seul et même acte, nous nous rétractons et nous déjugeons doublement : 1° en ce qui touche l'idée napoléonienne, à laquelle nous avons donné, en 1848, 5,600,000 suffrages ; en 1851, 7,500,000 ; en 1852, 7,824,189, et que nous délaissons aujourd'hui ; — 2° en ce qui touche la monarchie constitutionnelle, condamnée, honnie en 1848, et dont nous appelons maintenant le rétablissement. Je ne dis rien de la République, que nous avons également acclamée, puis reniée dans l'intervalle de la monarchie constitutionnelle au deuxième empire, et dont le nom ne servirait qu'à rappeler le souvenir de nos lâchetés et de nos trahisons. Quand je pense à la République, je me sens pris du dégoût de mon pays et de la honte du nom français : j'aime mieux me taire.

Lorsqu'en 1848 fut rendu par de soi-disant républicains, alors maîtres des affaires, le décret qui autorisait la dynastie des Bonaparte à rentrer en France, à l'exclusion des dynasties de

Bourbon et d'Orléans; lorsqu'ensuite fut élu président de la République Louis-Napoléon, à l'égal applaudissement du parti conservateur et des démocrates, de la bourgeoisie et des paysans, de l'Église et de l'armée, le pays et le pouvoir connaissaient la portée de leurs actes, ils savaient ce que signifiait le nom de Bonaparte, quel était Louis-Napoléon; tout le monde prévoyait dès lors un nouveau Brumaire, suivi d'une nouvelle constitution de l'an VIII, prélude d'un nouvel empire. Aussi le ralliement, en 1851 et 1852, autour du nouvel Empereur fut immense, et le rétablissement des institutions impériales accepté. Il serait absurde de le nier. Est-il quelqu'un en France cependant qui croie que les choses puissent rester ce qu'elles sont, après le décret du 24 novembre, après les élections de 1863, et les derniers débats du Corps législatif, en présence du mouvement accéléré de l'opinion? — Non: donc, il y a déjugement en France, en ce qui concerne le 2 Décembre, je ne dis pas quant à la personne, mais quant au système. — En 1852, je cite le décret impérial de cette année, le suffrage universel donnait au rétablissement de l'empire 7,824,189 voix contre 253,145 bulletins portant le mot *non*. En 1863, les mêmes électeurs n'ont plus donné aux candidatures ministérielles que 5 millions de voix ; à celles de l'opposition, 2 millions. Donc il y a déjugement. En 1852, tout le monde se moquait de la liberté et du libéralisme, comme du libertinage : aujourd'hui, le premier prince et le premier dignitaire de l'empire parlent de la liberté comme MM. Thiers, Havin et de Girardin. Donc il y a déjugement. Le gouvernement impérial a-t-il cependant démérité de la faveur publique, au point d'avoir motivé, par sa politique, ce revirement d'opinion? Nous ferons plus bas l'analyse de ce gouvernement, nous en discuterons les principaux actes ; nous comparerons ses faits et gestes avec ceux du gouvernement de Juillet, et constaterons que, si ces gouvernements se ressemblent peu, ils se valent. Donc, il y a déjugement.

Venons au gouvernement de Juillet. Est-ce que ce gouvernement n'est pas *tombé dans la boue*? Est-ce que le pays n'était pas dégoûté des tournois parlementaires, et des intrigues ministérielles, et du tapage de l'opposition, et du régime électoral, aussi bien que de Louis-Philippe et de M. Guizot ? Est-ce que la *corruption* et la *vénalité* n'étaient pas montées jusqu'aux plus hautes régions du pouvoir ?... Sans doute la réprobation nationale n'avait pas, le 21 février, conclu à la République. Suivant son habitude, le peuple français, tout en faisant la guerre au pouvoir établi, ne songeait point à le remplacer par un autre ; la veille de la catastrophe, il ne pensait pas à la République. Mais, lorsque cette République se fut posée, quelque peu de confiance qu'elle inspirât, est-ce que la pensée unanime ne fut pas, en ce qui regardait le système déchu, que ce qui venait d'arriver n'était que justice ?

Cependant voici qu'on nous ramène à grands pas à ce système de *palabre*, de *camarillas*, *d'intrigues*, d'*hypocrisie*, de *corruption*, de *couardise*. Que dis-je ? Nous y sommes à moitié engagés : après ce qui s'est passé depuis l'ouverture des chambres, on ne peut pas dire que la Constitution de 1852 règne seule. Légitimistes, orléanistes, démocrates, bonapartistes, opposition et majorité, Sénat et Corps législatif, grands dignitaires, princes du sang, journaux du pouvoir et journaux indépendants, tout le monde a enfilé la venelle. Mettez aux voix la proposition d'un empire constitutionnel ; et, pour peu que l'administration laisse faire, elle recueillera huit millions de voix. Donc, il y a déjugement. En 1848, chute de M. Guizot ; en 1864, triomphe de M. Guizot, d'autant plus significatif que ce triomphe aurait lieu au profit de la dynastie, rappelée, en 1848 et 1852, comme l'expression du système contraire. Est-ce là, oui ou non, se déjuger ? Laquelle choisissons-nous, enfin, de l'idée de 1799, ou de celle de 1830 ? Et si, fidèles à nos premiers jugements, nous ne voulons ni de l'une ni de l'autre, à quel principe pensons-nous appeler ? Quelle sera notre profession de foi ?

Mais à quoi servirait d'accabler d'arguments et de sarcasmes un peuple infatué de lui-même, qui ne brilla jamais par la résipiscence pas plus que par le jugement ? Certes, il y a dans notre histoire des quinze dernières années de quoi nous rendre modestes. Le génie français, la dignité de notre nation, ont subi une étrange éclipse. Vantons-nous donc d'être les chefs du mouvement, de marcher à la tête de la civilisation ! Nous avons succombé à notre tâche révolutionnaire ; nous sommes les dégénérés de 89 : il existe en Europe de grandes puissances ; il n'y a plus de grande nation.... Toutefois, n'exagérons rien. Aucun peuple n'eût suffi à une œuvre qui réclame l'effort de l'humanité. Nous ne pouvons nous sauver sans aide ; les autres ne se sauveront pas non plus sans nous. Cette agitation stérile, ces retraites humiliantes, cette décadence déplorable, sont aussi le symptôme d'une recomposition universelle. Ne désespérons pas encore ; ne cédons pas à la misanthropie, qui n'est aussi qu'une espèce de fatuité et d'orgueil. Nous avons cru que les constitutions s'improvisaient : notre présomption a été sévèrement punie. Reconnaissons notre faute, et, si nous voulons qu'elle nous profite, méditons-la comme un enseignement du Destin, que dis-je ? comme un progrès accompli.

Je viens de vous montrer, lecteur, ce que c'est qu'un peuple qui se déjuge ; je vais vous faire voir à présent ce qui arrive quand, abondant en son opinion, et plein de sa fausse sagesse, il refuse de se déjuger.

CHAPITRE II

IMMOLATIONS DYNASTIQUES

Dans un écrit récent (*Si les traités de 1815 ont cessé d'exister?* Paris, DENTU), publié à l'occasion du dernier message de l'Empereur, j'ai observé, chose à laquelle peu de personnes avaient fait attention, que l'année 1814 formait dans l'histoire moderne le point de départ d'une ère politique que j'ai nommée l'*ère des constitutions.* C'est à dater de cette époque, en effet, que l'idée d'un gouvernement rationnel, régulier, s'empare décidément des esprits et entre dans l'application.

Qui dit rationnalité dit naturellement science : ce qui jusqu'alors avait été parmi les peuples le produit de l'instinct allait donc devenir l'œuvre exclusive du savoir confirmé par l'expérience. Or, la science est une, comme la vérité et la justice : de là, par conséquent, tendance des nations modernes, dans les deux hémisphères, à se constituer sur un type uniforme, comme si plus tard l'humanité tout entière devait se rallier dans une seule et même constitution. Parmi les innombrables systèmes dont l'histoire et la philosophie suggéraient l'essai, celui qui obtint le plus de faveur, que l'on jugea le plus conforme à la raison scientifique, qui parut concilier le mieux toutes les divergences, offrir le plus de garanties aux intérêts et aux libertés en même temps qu'à l'ordre, fut la monarchie constitutionnelle, représentative et parlementaire. Sur notre demande, et sous l'empire de la nécessité, le congrès de Vienne avait fait de la Charte une condition expresse de rentrée pour la dynastie légitime, et de paix pour l'Europe. C'était l'équilibre intérieur appelé à faire pendant et à servir de gage à l'équilibre international. Bientôt, des deux côtés de l'Atlantique, tous les États, anciens et nouveaux, suivant notre exemple, opérèrent successivement leur conversion. Si bien qu'en moins d'un demi-siècle, le constitutionnalisme, sous des formes diverses, embrassait la presque totalité du monde civilisé, et que les peuples, en conservant respectivement leur liberté et leur autonomie, pouvaient néanmoins se dire plus unis dans le temporel qu'ils ne l'avaient jamais été dans la foi. La fraternité universelle, saluée en 93, était en pleine réalisation.

Pourtant, ce n'était là qu'un début, attendant la sanction de l'expérience. Naturellement le Congrès de Vienne n'avait pas entendu garantir la perfection du système, et il serait tout aussi absurde de lui reprocher les mécomptes du constitutionnalisme, que de lui imputer à crime la délimitation plus ou moins malencontreuse des États. L'objet des traités, on ne saurait trop le redire, était double : 1° poser en loi l'équilibre international, réserve faite des remaniements territoriaux que le temps ferait juger nécessaires; 2° fonder le rationalisme gouvernemental, la science politique, en donnant aux peuples les garanties que le progrès des idées réclamait, garanties dont la principale était de changer, après essai, leur propre constitution. Jadis la stabilité de l'État, son immobilité, était posée *à priori*, comme un dogme; maintenant cette stabilité, devenant objet de science, de recherches, d'expérimentation, n'apparaissait plus que comme le dernier terme du perfectionnement politique. On avait cru, par les traités de Vienne et par la Charte, la Révolution finie; on n'avait fait en réalité que la mettre à l'ordre du jour, à perpétuité. C'était à nous d'apprendre à faire de cet état révolutionnaire notre vie, à peine d'en périr.

RESTAURATION

Le développement des idées libérales fut rapide. Le peuple français, entre tous, se passionna pour la Charte, dans laquelle il eut d'abord une foi implicite, absolue.

Comme l'antique droit divin avait été article de foi, le droit constitutionnel, tel quel, exclut à son tour jusqu'à l'ombre du doute. Avec la Charte, fermement voulue, loyalement exécutée, toutes les difficultés disparaissaient. Pendant quelque temps, la France, engouée de la Charte, se crut royaliste, réconciliée avec elle-même, revenue de vingt-cinq ans de folie et de crime. On bénit les princes légitimes, martyrs de funestes erreurs; on maudit le despote, dont le règne de fer avait retardé de quinze ans ces garanties précieuses; on détesta la Révolution, dont les excès avaient pu les faire méconnaître. La religion profita de cette résipiscence politique; elle refleurit comme aux plus beaux jours de l'Église; et la Restauration, comme on disait alors, sembla fondée à jamais.

L'illusion, hélas! fut de courte durée. Nous devions bientôt apprendre, à nos dépens, que, si le Créateur a livré le monde, œuvre de ses mains, et la Révélation elle-même, expression de son Verbe, aux disputes des hommes, il n'a pas fait de réserve en faveur des conceptions de notre pauvre intelligence. Peu à peu l'on s'aperçut, mais sans vouloir se l'avouer, que la Charte immortelle offrait matière à interprétation; que chacun de ses articles soulevait un océan de doutes et de commentaires; bref, que ce rationalisme si conciliant, si libéral, si philosophique, était une arène de divisions. Des tiraillements pénibles se faisaient partout sentir; un redoutable antagonisme se révélait : au lieu d'examiner, comme on aurait dû faire, rationnellement la machine, d'en rechercher l'erreur scientifique, la contradiction, on commença de se soupçonner, de s'accuser les uns les autres. Se mesurant du regard, on criait, de la droite, à la conspiration et au régicide; de la gauche, à la tyrannie et au privilége. Ceux qui, d'accord avec la royauté, la noblesse et l'Église, toujours émigrées, rejetaient le principe scientifique, libéral, purement humain, de la Révolution, et se retranchaient dans la conception transcendante de l'autorité et de la foi, ceux-là naturellement ne pouvaient voir dans la Charte, expression imparfaite, ambiguë, du droit révolutionnaire, qu'une machine infernale : comment dès lors en eussent-ils fait la critique? Comment, ne faisant pas même à la Charte l'honneur d'un examen philosophique, puisqu'ils en niaient les données, n'eussent-ils pas été tenus pour suspects, et considérés comme des ennemis de l'ordre et des libertés publiques? — Quant aux autres, qui allaient bientôt se trouver en majorité immense, placés au point de vue contraire, ils n'admettaient pas davantage la discussion. Nier la Charte, monument de la philosophie moderne et de l'expérience des siècles, c'était le comble de l'aberration. La Charte n'avait-elle pas pour fondement la RAISON humaine, émanée de Dieu antérieurement à la Révélation elle-même, et dont l'Église rajeunie proclamait tous les jours l'accord avec la FOI? En posant la souveraineté de la nation, cette même Charte ne reconnaissait-elle pas la légitimité et l'autorité du roi? A côté de la philosophie libre, ne déclarait-elle pas la religion du Christ religion de l'État? La Charte, enfin, considérée dans son esprit et dans toutes ses parties, n'était-elle pas, comme le concordat de 1802, comme l'alliance du pape et de Charlemagne, comme l'Évangile lui-même, le renouvellement du pacte éternel entre l'homme et Dieu?...

Voilà ce que disaient, en 1820, les partisans de la Charte, ce qu'ils disent encore aujourd'hui. Comment ces libéraux, s'élevant au-dessus du contrôle parlementaire, auraient ils eu l'idée d'une critique constitutionnelle? Est-ce qu'aujourd'hui même, MM. Thiers, Guizot et tant d'autres, en sont arrivés là? Plutôt que de supposer le moindre défaut dans un système d'invention si récente, on préféra accuser exclusivement les passions rétrogrades, l'obstination des princes, l'intolérance de l'Église, les fausses maximes du droit divin, etc. Chose singulière, les hommes n'ont pas moins de foi aux idoles de leur raison qu'à celles de leur instinct : on jurait sur la Charte, une hypothèse politique, comme autrefois sur l'Évangile; on appelait le roi légitime, auteur de cette Charte, traître et félon !... Certes, il y eut, dans ces temps d'agitation, de la faute des hommes; mais qui donc, parmi les générations venues à la suite, oserait dire aujourd'hui qu'il n'y a pas eu bien davantage de la faute du système?

On sait comment finit la lutte. La majorité

dans la Chambre s'étant déplacée; le centre de gravité du gouvernement ayant reculé de deux degrés vers la gauche, 221 contre 219, Charles X crut, en vertu de l'article 14 de la Charte, qu'il lui était permis, à l'aide de sa prérogative, de compenser la différence; il voulut gouverner contre la majorité. Les fatales ordonnances furent rendues : aussitôt Paris de se soulever, au cri de *Vive la Charte!* Puis, comme la victoire ne perd jamais ses droits, la dynastie fut changée, l'article 14 modifié, la religion catholique déclarée simplement religion de la majorité des Français; le cens électoral abaissé; bref, la Constitution purgée des équivoques, contradictions et exorbitances qui, au jugement de ses dévots défenseurs, en embarrassaient la marche.

Rien ne fait mieux ressortir ce fétichisme constitutionnel que l'acharnement avec lequel on poursuivait les princes et tous ceux que l'on soupçonnait de lui être hostiles. Sans doute, en 1814, on demandait avant tout la consécration des principes sociaux de 89. Mais, en ce qui touche l'organisation du gouvernement, l'on ne s'était pas moins accordé à regarder la monarchie comme en étant la forme et la condition essentielle : c'est ce qui avait fait le triomphe de la légitimité. Pourquoi donc cette haine violente, injurieuse, contre le vieux Charles X ? Était-il sûr que le principe monarchique fût compatible avec les données du système parlementaire ? Et quand le monarque essayait de parer le coup d'une opposition à moitié factieuse, n'y avait-il pas autant de raison de croire qu'il agissait d'après la logique de son principe, que de l'accuser d'un abominable parjure ? Pourquoi ensuite, le Roi et le Dauphin ayant signé leur abdication, la proscription s'étendait-elle jusqu'au duc de Bordeaux, leur neveu, un enfant de huit ans, et à la duchesse de Berry sa mère, favorable au parti libéral ? Ce n'était pas haine de la royauté, puisque la dynastie de Bourbon fut aussitôt remplacée par celle d'Orléans. Supposait-on que la branche aînée portait dans le sang, comme un virus indélébile, l'horreur de la Charte ? N'oublions pas qu'en 1793 Louis XVI et Louis XVII ; en 1815, après le désastre de

Waterloo, Napoléon Ier et Napoléon II, avaient été victimes de cette frénésie à la fois politique et mystique. Le système constitutionnel était considéré à l'égal d'une religion ; et toute atteinte qui lui était portée était punie comme un sacrilége. Ainsi l'on sacrifiait une race royale ; on créait une compétition dynastique ; on souffletait l'Église, épouse du Christ ; on abaissait la royauté ; on diminuait l'importance de la classe élevée, conservatrice par nature, pour faire appel aux entraînements de la moyenne, le tout pour la glorification et sur la garantie d'une formule métaphysique !....

MONARCHIE DE JUILLET

L'expulsion de la branche aînée ne devait pas être la dernière de nos tragédies constitutionnelles.

En 1830, la foi à la Charte était donc entière. Quelques génies solitaires avaient bien conçu des inquiétudes : la masse ne doutait nullement de la vérité et de l'efficacité de l'idée. On ne demandait que des hommes fidèles pour en faire l'application. Or, c'est surtout de la foi des masses que vivent les sociétés. Pourquoi les quinze années de la Restauration ont-elles été, en dernière analyse, les plus heureuses que nous ayons traversées depuis 89 ? Tout simplement parce que ce furent des années de foi. Les dix premières de Louis-Philippe furent encore passables : on admirait ce savant équilibre qui déterminait avec tant de précision la part des différents pouvoirs, conciliant la Liberté et l'Autorité, mariant les réserves de la Conservation aux aspirations du Progrès. Le bourgeois, que n'inquiétait plus l'ombre de la noblesse, se sentait honoré de sa dignité électorale, et en remplissait les devoirs avec un zèle, une vertu civique qui promettait de longs jours au nouvel établissement. La garde nationale, en communion parfaite avec le prince, entourait la Constitution d'un rempart invincible. L'homme du peuple aspirait, sans trop d'impatience, à l'exercice du droit politique, soit qu'une fortune modeste, honorablement acquise, l'y conduisît; soit que, par un nouveau bienfait du législateur, le cens, en s'abaissant, l'en rapprochât; et cette légitime ambition, au lieu de corrompre les âmes, les élevait. Dans ce nivellement progressif de la souveraineté, on se plaisait à voir le signe d'une meilleure distribution de la richesse, la garantie du développement moral, et le gage d'une paix intérieure et extérieure inviolable.

Aussi la joie qui suivit la Révolution de Juillet fut sans mélange, le ralliement autour de la nouvelle dynastie complet. Le système constitutionnel amendé selon l'esprit des dernières controverses, présidé par un roi philosophe, qui avait combattu en 92 pour la liberté, et qui comprenait la Charte, fut défini une *Monarchie entourée d'institutions républicaines*. Lafayette, montrant Louis-Philippe au peuple, l'avait appelé la *meilleure des Républiques* : jamais mouvement n'avait été plus national, plus grandiose. Les nations y furent trompées : toutes applaudirent à la fermeté et à la modération du peuple français ; celles qui le purent imitèrent notre exemple : on crut à l'énergie de notre caractère, au sérieux de nos résolutions, autant qu'à la certitude du système. Très-peu de gens remarquèrent que cette révolution de juillet, qui semblait la vindicte du droit contre un insensé despotisme, n'avait été qu'une crise par laquelle s'était révélé avec éclat l'antagonisme du système, et que cette France, qui de la meilleure foi du monde persistait à se croire monarchique, et dans laquelle se découvraient partout les vestiges de la hiérarchie ancienne, inclinait décidément vers une promiscuité démocratique, où l'ordre ne se soutiendrait plus que par la dictature ; où la coalition des capitaux créerait une féodalité nouvelle ; où le travail serait plus que jamais asservi ; où par conséquent la liberté ne pouvait manquer de périr. Le pays, d'ailleurs, eût-il lu dans la Charte l'annonce de cette grande transformation sociale, personne ne s'en serait alarmé. La démocratie, aurait-on dit, c'est *l'Égalité*. On aurait accueilli le pronostic avec bonheur ; on y aurait vu la preuve de l'infaillibilité du système, et l'on se serait écrié, en appliquant à la Charte l'ancienne formule monarchique : Si veut la Constitution, si veut le Progrès.

Quelle ne fut donc pas la déception, quand on vit la Charte expurgée de 1830 produire, sous la dynastie populaire, des résultats pires que ceux qu'elle avait donnés sous la dynastie légitime! Chose dont on ne revenait pas, plus on interrogeait cette Charte, plus des points de vue opposés de l'Autorité et de la Liberté, de la prérogative royale et de l'initiative parlementaire, de la conservation bourgeoise et de la liberté plébéienne, on en pressait les conséquences, et plus elle enfantait de contradictions. Dix ans après juillet, la foi politique était morte dans la bourgeoisie française. Les souvenirs de cette époque sont présents : qu'on dise si le débat parlementaire ne fut pas une longue émeute, faisant ressortir chaque jour quelque nouveau scandale; si le roi Louis-Philippe ne fut pas encore plus impopulaire, plus haï, plus outragé que n'avaient été Louis XVIII et Charles X ; si le jeu des institutions, qui devaient aller d'elles-mêmes, ne fut pas partout forcé; si le gouvernement ne dégénéra pas en camarilla ; si la corruption ne fut pas portée au comble dans les élections, dans l'administration, dans les chambres ; si, tandis que la plèbe travailleuse aspirait, dans la naïveté de sa foi, à la vie politique, la majorité conservatrice ne faisait pas litière de son privilége, conspirant de compte à demi avec le pouvoir la ruine des institutions ? Les hommes de la Restauration, dans la ferveur de leur rationalisme, oubliant leur qualité d'enfants de l'Église, s'étaient fait remarquer par leur indifférence religieuse, mais leur conviction politique n'en avait été que plus vive ; ceux de 1830, initiés au système, se signalèrent bientôt par leur hypocrisie et leur dévergondage. A partir de 1840, la monarchie de juillet, qui se sentait mourir, tuée par le scepticisme, se réfugia dans la foi. Elle se fit, tant qu'elle put, quasi-légitime, affectant les mœurs de l'ancien régime, et dénonçant elle-même la fausseté de son principe. Son sort fut vite décidé.

Pas plus qu'en 1830, on ne se demanda en 1848 si la cause du désordre n'était pas dans l'organisme constitutionnel autant au moins que dans la mauvaise conscience des gouvernants; si celui qui avait poussé le cri d'alarme, *la légalité nous tue*, n'avait pas exprimé une vérité profonde; si, tandis qu'on mettait en accusation le ministère, opposition et ministres, monarchie et démocratie, peuple et gouvernement, tout le monde n'était pas dupe d'une hallucination. Comme en 1830 on avait accusé le pays légal, on l'accusa en 1848: c'est encore l'honneur de la génération de ces deux époques d'avoir cru que les institutions de la patrie, quant à leurs principes fondamentaux et à leurs formes essentielles, ne pouvaient avoir tort. En un temps, deux mouvements, la royauté fut à bas : la démocratie se trouva maîtresse, et pour la seconde fois on procéda à la révision du pacte.

Mais le plus triste de l'aventure, ce fut que les trente-trois années du régime constitutionnel qui s'étaient écoulées depuis la paix générale avaient été complétement perdues pour la science politique; aucune pensée supérieure ne s'était produite à la tribune, ni sur la Charte, ni sur les fondements de la société et les conditions d'organisation de l'État; la critique s'était acharnée contre les ministères, mais en se basant toujours sur la constitution écrite; jamais, s'élevant à la hauteur d'un examen philosophique, elle n'avait pris pour objet la constitution elle-même. En 1848, on se trouvait donc moins avancé qu'en 1814 : car, enfin, tout le monde, au début de la Restauration, admettait, en matière de gouvernement, la compétence de la raison, croyait à la réalité d'une doctrine, à une science, tandis qu'en 1848 on n'y croyait plus. C'est en vain que les écoles socialistes faisaient bruit de la *science sociale:* sans compter qu'elles en étaient encore à produire leurs hypothèses et à faire l'essai de leurs dogmes, on ne pouvait pas les entendre; l'opinion s'était pervertie. Effet singulier du régime parlementaire, dont on avait tant abusé depuis 1830, on n'admettait plus, en fait de société et de gouvernement, ni *religion*, ni *droit*, ni *science;* on croyait à l'Art. Et les masses y inclinaient; elles y ont, au fond, toujours incliné. Produit d'une haute ambition, mélange d'habileté et d'audace, voilà ce qu'est pour elles le génie politique. Insensiblement, depuis la mort de Casimir Périer, le pouvoir s'était fait artiste; encore un peu, il tombait dans la bohème. Ce qui restait de foi politique était le fait de quelques républicains, en minorité dans leur propre parti. Ce peu de foi suffit pourtant à constituer la République, il faut voir de quelle manière.

RÉPUBLIQUE DE FÉVRIER

Telle avait été la bourgeoisie en 1830, confiante en ses maximes, et d'autant plus présomptueuse; telle se montra la démocratie en 1848. Les hommes de février avaient la plupart vu tomber le premier empire; ils avaient assisté aux débats de la Restauration, combattu en juillet, suivi la controverse, plus incisive, plus radicale, des chambres de 1830 : ils avaient étudié, plus qu'on ne l'avait fait avant eux, dans son action et dans ses décrets, la Révolution : que de raisons de se montrer circonspects, et de n'affirmer qu'à bon jeu bon compte. Rien n'y fit : comme leurs devanciers, les bourgeois de la Charte, ils ne doutent de rien, ils marchent dans la plénitude de leurs illusions.

La république de février ne fut que la continuation de la monarchie de juillet, *mutatis mutandis, exceptis excipiendis*. Tout se bornait, pensait-on, à simplifier le pacte, en éliminant la royauté devenue un organe impossible; à développer certains principes, dont on n'avait fait qu'une demi-application; à restreindre certaines influences, conservées d'un autre âge, et que la nécessité des transitions avait fait respecter. La république fut donc proclamée, conséquence du dogme de la souveraineté du peuple; — le suffrage universel établi, conséquence du principe de l'égalité devant la loi, et complément de la réforme déjà apportée en 1830 au système électoral; — les deux chambres réduites à une seule assemblée de représentants directement élus par le peuple, conséquence de la négation de l'élément aristocratique, dans une démocratie homogène. Ces réformes étaient irréprochables de logique : la Révolution, en 89, en avait fixé les bases; la charte de 1814 en avait accepté les données; celle de 1830 n'avait pas hésité à en indiquer le terme : c'était avec une entière sincérité que la démocratie poursuivait une évolution commencée depuis trente-trois ans par ceux-là même qui, reculant devant leur propre principe, allaient se poser comme ses adversaires. Mais ce n'était qu'une logique d'étudiants, une misérable routine. L'établissement de février fut, comme les autres, un essai fait au hasard; que dis-je? Si les fondateurs de la république démocratique de février avaient été vraiment des libres penseurs; si, en affirmant la raison humaine et le droit humain, ils en avaient mieux connu les règles, ils se seraient aperçus que leur constitution républicaine, issue en droite ligne de deux monarchies, n'en était que la réduction à l'absurde.

Certes, et ce n'est pas moi qui le nierai, la

réaction contre la République de 1848 a commencé avec la République même : elle est tombée, cette République, sous la conjuration de ses innombrables ennemis, plus encore que sous sa propre utopie, ce qui n'est pas peu dire. Mais enfin, je le demande aux démocrates, est-ce que, depuis 1848, leur foi politique n'a pas été ébranlée ? Ont-ils conservé la même confiance dans le civisme populaire, dans l'intelligence des masses et leur incorruptibilité ? On imputait au petit nombre des électeurs les facilités de la corruption : est-ce qu'il n'a pas été démontré dix fois, depuis quinze ans, qu'il est incomparablement plus aisé de séduire, et à plus bas prix, 7 millions d'électeurs que d'en acheter 200,000 ? On se fondait sur la synonymie apparente de ces deux noms : *Démocratie* et *République*, pour prédire à la constitution de février une durée éternelle : est-ce que le vote du 10 décembre 1848, prélude de ceux de décembre 1851 et 1852, n'ont pas fait éclater les inclinations princières de la plèbe et ses goûts absolutistes ? N'avons-nous pas revu les coteries, les intrigues, les réactions, les lois de répression, la guerre civile, la proscription, le massacre, et, chose encore plus odieuse, après le massacre, l'homme que le parti bourgeois avait chargé de vaincre le parti populaire, Cavaignac, devenu candidat à la présidence, dénoncé par ses complices comme l'assassin du peuple? A quoi ont servi, et l'unité de la représentation nationale, et la subordination de l'exécutif au législatif, et les garanties constitutionnelles, et le déploiement des libertés? La multitude, — et dans ce mot je ne fais acception d'aucune classe, — en a fait litière; après le 2 décembre comme après le 18 brumaire, elle a applaudi à l'expulsion des *avocats*, au silence de la tribune, au bâillonnement de la presse, à la loi de sûreté générale; elle s'est montrée indifférente à la transportation, à l'exil, à la ruine de cent mille citoyens les plus dévoués à la république, et les plus braves. Passons sur l'étrange politique qu'elle s'est faite depuis dix ans, et qui a mis à nu son ineptie et ses détestables instincts. Maintenant elle cherche d'autres jouissances; il lui faut de l'*opposition*, dût-elle la demander aux défectionnaires de la République, aux fauteurs de l'empire, aux familiers du Palais-Royal, aux hôtes et aux conseils des Tuileries; elle se délecte aux harangues; elle se fait formaliste, elle ose parler de liberté! Ah! que l'*élu du peuple* essaie maintenant de contenter le *peuple*, son créateur, ou, à défaut, de le contenir : mais qu'il sache une chose, c'est qu'aujourd'hui, bien plus encore qu'en 1814, il n'y a de salut pour la nation française que par la raison, et que nous avons perdu jusqu'à la faculté de raisonner. Les idées nous sont devenues indigestes; nous nous repaissons de figures et de tableaux. L'intelligence est en nous affaissée, la conscience sans ressort. La science, qui éclaire la raison, fortifie le cœur, nourrit l'âme, nous rebute : ce que nous demandons, ce sont des excitants qui nous aident à jouir, dussent-ils, en abrégeant notre existence, rendre notre mort ignominieuse.

— Pour qui écrivez-vous alors, me va-t-on dire, si telle est l'opinion que vous professez sur vos contemporains? — Lecteurs, vous connaissez le proverbe : « Il n'est si grand'guerre, qu'il n'en échappe. » Je calcule que dans la société la plus écloppée il reste toujours bien un pour mille de sang non corrompu, et qu'il suffirait de ce ferment pour rajeunir, dans un assez bref délai, notre nation. Puis il y a le dehors qui, dans cette décrépitude de notre race, mérite que nous en fassions quelque cas. La France, il faut bien que nous en convenions, n'entraîne pas l'humanité. J'ai donc pensé qu'après un demi-siècle d'exercices plus ou moins constitutionnels, il y aurait quelque intérêt à démonter cette machine, et puisque c'est notre nation qui, comme la plus avancée, fournit le plus à l'observation, à la prendre pour sujet d'étude.

Quoi ! parce que le monde est livré aux intrigants et aux scélérats, nous nous abandonnerions nous-mêmes ! Parce que la société est malade. nous dirions que la santé et la vertu sont des mots ! Parce que nous avons été déçus dans nos combinaisons monarchico - parlementaires, que nous n'avons pas su organiser notre république, et que nous nous déjugeons aujourd'hui, nous nous jetterions dans le scepticisme ! Quelle sottise! Non, non : le droit et la science sont les vraies puissances de l'humanité : unissons-nous en elles ; par elles, un contre mille, contre dix mille, nous sommes assez fort, et nous vaincrons, suivant ce que dit le Psalmiste : *Cadent à latere tuo mille et decem millia à dextris tuis.* En 1848, on nous accusait d'essayer nos théories sur le corps social comme sur un condamné à mort. Eh bien! il ne s'agit pas aujourd'hui d'une expérience *in animâ vili.* Tous les gouvernements que la France depuis 89 s'est donnés, sont morts en bas âge : aucun n'était né viable. Que leurs cadavres servent du moins à une autopsie : ce sera assez pour leur gloire.

CHAPITRE III

LES QUINZE CONSTITUTIONS DU PEUPLE FRANÇAIS : PRÉLUDES DE LA SEIZIÈME. — L'EUROPE ET L'AMÉRIQUE EN TRAVAIL DE CONSTITUTIONS ET DE RÉFORMES. MALAISE UNIVERSEL.

Pour intéresser un public comme le nôtre aux études politiques, à ce que nous oserons appeler science du gouvernement, la première condition est de secouer la poussière des vieux auteurs, de renoncer aux traditions d'école, de mettre entièrement de côté l'érudition pédantesque, le style officiel et académique. Quel Français ne bâille à ce seul mot de *Droit constitutionnel*? Qui pourrait se résigner, aujourd'hui, à engloutir toute une bibliothèque de publicistes, s'appelassent-ils Bossuet, Montesquieu, J.-J. Rousseau, Mirabeau, J. de Maistre, de Bonald ou Chateaubriand? Nos pères, si l'histoire n'est pas menteuse, se passionnaient, en 89 et 93, pour ces matières ardues. Il est vrai que les débats de la Constituante, de la Législative, de la Convention, l'éloquence tempêtueuse des Mirabeau, des Maury, des Vergniaud, des Robespierre, les manifestations du peuple souverain, tout ce drame sanglant et passionné de la Révolution, servant d'interprète, soutenait l'attention, avivait les intelligences. Mais, moins de dix ans après la convocation des États généraux, on prenait toute cette littérature en dégoût; le pays criait en masse : A la porte !...

Depuis, nous avons jeté aux orties cette philosophie d'un jour; nous avons oublié jusqu'à notre catéchisme. Prolétaires et bourgeois sont aussi incapables aujourd'hui de répondre sur les institutions de leur pays, sur les principes du gouvernement et les conditions de la liberté, que sur les articles de la foi chrétienne. Pas plus d'instruction politique que d'instruction religieuse: ce qui ne nous empêche pas de juger à tort et à travers la conduite des gouvernements, la marche des États, le droit des nations; de régenter l'Europe et l'Amérique, et comme électeurs, une fois tous les six ans, de faire acte de souverain, en nous donnant des mandataires. Il est vrai que notre mandat est signé en blanc.

Il faut changer de méthode. La science politique ne peut être, après tout, qu'une branche de la science sociale, une division de l'anthropologie, une section de l'histoire naturelle. Traitons-la donc en historiens naturalistes : nous y gagnerons, d'abord, de nous débarrasser de tous les vieux fatras ; puis, de parler une langue claire, portant sa certitude en elle-même, et pouvant défier, par la rigueur de sa logique, toutes les subtilités du scepticisme. Dans ces conditions, la politique, ou l'histoire naturelle des États, pourra le disputer d'intérêt à l'histoire naturelle des bêtes.

Savez-vous, lecteur, combien, depuis l'année fatidique de 1789, il a été proposé officiellement au peuple français, par ses fondés de pouvoirs, de constitutions ? QUINZE. Sur ce nombre, *douze* ont été décrétées ou votées, *dix* mises à exécution ; la dernière, plusieurs fois modifiée, est en pleine voie de métamorphose. Ces quinze constitutions, dont vous vous souciez comme des neiges d'antan, forment le corps de notre droit public ; c'est le dépôt sacré de nos libertés et de nos garanties, l'arche de nos institutions et de nos destinées. Rien de plus respectable sous notre soleil : c'est de cela que nous vivons politiquement ; c'est par là que nous sommes comptés pour quelque chose. Otez cette base, il n'y a plus de France : le territoire français et ses habitants ne sont plus, comme les contrées sauvages du centre de l'Afrique, qu'une expression géographique ; ils ne forment point un État ; ils cessent d'avoir place dans les cadres de la politique. Souffrez donc, pour l'importance de la chose, que je vous donne ici, par dates, la nomenclature de ces quinze constitutions, chapitre premier de notre catéchisme politique.

TABLEAU HISTORIQUE DES CONSTITUTIONS DE LA FRANCE DE 1789 A 1864 :

La nation française s'étant donc résolue à se donner une constitution, les *États généraux*, comme on disait alors, furent convoqués par un édit du roi Louis XVI, enregistré le 27 septembre 1788, pour le 1er mai de l'année suivante, à jamais mémorable, 1789; et les électeurs, réunis par bailliages, invités à faire connaître leurs vœux dans des *cahiers*. Ces cahiers devaient former, en quelque sorte, le mandat des députés: jamais nation, ni avant ni depuis, ne fit connaître sa volonté d'une manière plus authentique. La constitution à faire devait en être le résumé le plus fidèle possible.

1. — *Plan de constitution*, présenté à l'Assemblée constituante par le comité de constitution, 27 juillet-31 août 1789.

Ce plan ne fut pas adopté. Bien qu'il eût été rédigé sous l'influence des journées des 20 juin, 14 juillet et 4 août 1789, et qu'il dépassât déjà la pensée des cahiers, il était éminemment monarchique, et n'avait pas entièrement rompu avec l'idée féodale, dont il maintenait officiellement le principe dans la dualité de la représentation nationale, le *Corps législatif* et le *Sénat*.

2. — *Constitution française*, décrétée par

l'Assemblée constituante, acceptée ou subie par le roi, 3 septembre 1791.

Les idées ont marché : le *veto* est aboli ; au lieu de deux assemblées, il n'y en aura qu'une ; le roi n'a qu'une puissance exécutive.

Exécutée tant bien que mal jusqu'au 10 août 1792.

3. — *Plan de constitution*, présenté à la Convention nationale par le comité de constitution (rédaction de Condorcet), 15 et 16 février 1793.

Cette constitution, purement démocratique et qui supprimait la royauté, fut envoyée aux 85 départements et aux armées pour avoir leur avis. Mais la Convention, distraite par d'autres soins, ne s'occupa pas de sa discussion.

4. — *Acte constitutionnel*, présenté au peuple français par la Convention nationale (rédaction de Robespierre), 24 juin 1793.

Cette constitution, dite de l'an II, n'est qu'une réduction de la précédente. Elle fut acceptée par le peuple, mais tenue en réserve et couverte d'un voile jusqu'à la paix.

5. — *Constitution de la République française*,

proposée au peuple français par la Convention nationale, 22 août 1795.

Acceptée par 1,057,390 citoyens, rejetée par 49,977.

La constitution directoriale, ou de l'an III, est en retraite sur celle de l'an II. L'élément monarchique reparaît sous la forme d'un Directoire exécutif à cinq têtes; le dualisme est rétabli dans les chambres; le système électoral est organisé de manière à tenir la plèbe à distance. Elle dura jusqu'au 18 brumaire an VIII (10 novembre 1799).

6. — *Constitution de la République française*, décrétée par les commissions législatives des deux Conseils et par les consuls, 22 frimaire an VIII, ou 13 décembre 1799.

Œuvre de Syeyès, modifiée par Bonaparte qui s'en fit un instrument à sa convenance, elle abolissait le système représentatif, ne laissait subsister qu'une ombre de liberté, et, sans rétablir tout à fait l'antique despotisme, rétrogradait fort au delà de la pensée exprimée dans les *cahiers* de 1789. Elle n'en fut pas moins acceptée par 3,011,007 *oui*, contre 1,562 *non*!

7. — *Sénatus-Consulte organique de la Constitution* (16 thermidor an X) — 4 *août* 1802.

La Constitution de l'an VIII ne répondait pas à l'ambition de Bonaparte, et, déjà si peu embarrassante, gênait encore son despotisme. En conséquence, après la paix d'Amiens, il se fait nommer consul à vie; le système électoral, si peu à craindre, est amendé; le Tribunat mutilé; la constitution dénaturée dans ses bases essentielles. Ces remaniements reçurent la sanction de 3,568,885 suffrages, contre 8,365. Plus le despotisme se développe, plus la démocratie applaudit.

8. — *Sénatus-Consulte organique*, ou Constitution impériale, purement autocratique et absolutiste (28 floréal an XII), 18 mai 1804.

Acceptée par 3,521,675 *oui*, contre 2,679 *non*. Elle dura jusqu'au 2 avril 1814, jour où fut prononcée par le Sénat-Conservateur la déchéance de Napoléon Bonaparte et de sa famille.

9. — *Constitution francaise*, décrétée par le Sénat-Conservateur, 6 avril 1814.

C'est le marché offert par le Sénat à Louis XVIII, qui répondit à cette proposition par la

10. — *Charte constitutionnelle*, 4 juin 1814.

Octroyée par le roi, conséquemment non soumise à l'acceptation des citoyens déshonorés par les votes de l'an VIII, de l'an X et de l'an XII, la Charte reproduisait, quant à l'organisation du pouvoir, les idées de 89 et de 95, mais en écartant le suffrage universel.

11. — *Acte additionnel aux constitutions de l'Empire*, donné par Napoléon Bonaparte, 22 avril 1815.

Accepté par le peuple et mis en vigueur jusqu'au 22 juin 1815, date de la seconde abdication de Napoléon. L'*Acte additionnel* est une copie de la Charte de Louis XVIII, sauf le système électoral, emprunté à la Constitution de l'an X, et l'institution des ministres d'État, chargés de soutenir devant les chambres les actes du gouvernement, idée reproduite par Napoléon III dans la Constitution de 1852.

12. — *Projet d'acte constitutionnel*, présenté par

la commission centrale de la chambre des représentants, 29 juin 1815.

Ce projet avait pour but d'établir le suffrage universel à deux degrés ; du reste, simple modification à la Charte. A ce projet de constitution il faut joindre les déclarations du pouvoir législatif, des 2 et 5 juillet 1815, concernant les *Droits du peuple français*. Le retour des Bourbons, sous la protection des baïonnettes étrangères, fit revenir purement et simplement à la Charte de 1814.

13. — *Charte constitutionnelle*, adoptée par la Chambre des députés, 9 août 1830.

14. — *Constitution de la République française*, décrétée par l'Assemblée constituante, 4 novembre 1848.

Elle établit le suffrage universel et direct, réduit le pouvoir législatif à une assemblée unique, et confie l'exécutif à un président, élu pour quatre ans par le peuple.

Loi restrictive du suffrage universel, 31 mai 1849.

15. — Constitution donnée par Louis-Napoléon Bonaparte, 14 janvier 1852.

Elle rétablit dans son intégrité le suffrage universel, entamé par la loi du 31 mai, mais revient aux idées de l'an VIII en ce qui touche la distribution des pouvoirs. Depuis, elle a reçu plusieurs modifications :

1° *Sénatus-consulte* qui rétablit la dignité impériale en la personne de Louis-Napoléon Bonaparte, avec hérédité dans sa famille, 7 novembre 1852 ;

2° *Sénatus-consulte* qui interprète et modifie la constitution et en abroge plusieurs articles, 25 décembre 1852 ;

3° *Sénatus-consulte* qui modifie l'article 35 de la constitution, 27 mai 1857 ;

4° *Décret* qui autorise le Sénat et le Corps législatif à discuter et voter une adresse, 24 novembre 1860.

Ces modifications ont complétement dénaturé la constitution de 1852. De républicaine et dictatoriale qu'elle était à l'origine, elle est devenue d'abord monarchique et autocratique, puis représentative et parlementaire ; elle tend, comme on a vu plus haut, à rentrer dans le système de

1830. — Nous aurons à l'examiner de près.

En résumé, quinze constitutions, et, si l'on veut ne tenir compte que de celles qui ont été appliquées, dix constitutions en soixante ans, ou une constitution tous les six ans : voilà quelle a été, depuis la convocation des États généraux jusqu'au rétablissement de l'Empire, notre production et notre consommation politique. Et nous savons, à n'en pouvoir déjà plus douter, qu'une seizième et non moins malheureuse combinaison se prépare.

Tels sont les faits que nous fournit l'histoire, et dont nous avons à découvrir la loi. L'homme s'agite, a dit quelqu'un, et Dieu le mène. Or, Dieu, c'est la Raison universelle. Qu'est-ce donc qui vous fait danser et tourbillonner comme des marionnettes sur la corde raide de la politique ? Quelle est la raison de ce mouvement ? Quelle en peut être la fin ? Sommes-nous bientôt à bout d'hypothèses, je devrais dire de martyre ? Parmi tant de systèmes, inventés pour nous garantir ces grands biens, la liberté, la justice et l'ordre, ne s'en trouvera-t-il pas un à la fin sur lequel notre raison et notre conscience se reposent? Qui nous le fera connaître? A quel signe le reconnaîtrons-nous? Quand nous sera-t-il donné d'en jouir? Est-il une science, une logique, une méthode, capable de résoudre de tels problèmes?

Observons que l'inquiétude qui nous tourmente sévit par tout le monde. Si nous avons fait à cette heure dans la carrière politique plus de chemin que les autres, ou pour m'exprimer d'une façon plus technique, si nous avons accompli un plus grand nombre d'évolutions constitutionnelles, c'est que nous avons commencé le branle; c'est qu'ayant, pour notre début, fait table rase de tout ce qui pouvait gêner nos mouvements, rien n'a pu arrêter notre course; c'est aussi que nous sommes d'un esprit plus vif, d'un tempérament plus inflammable, et que nous avons la main plus leste que nos imitateurs et nos rivaux. Ces observations doivent nous réconcilier un peu avec nous-mêmes. Tout n'a pas dépendu de notre caractère, de nos préjugés et de nos défauts, dans les faits et gestes de notre histoire. Il est évident en effet, pour quiconque veut y regarder, que, depuis la fin des grandes guerres, l'Europe entière a été prise, à l'instar de la France, de la maladie des constitutions. Partout où une constitution, conforme au génie de l'époque, a fait défaut, on a vu sourdre la révolte; partout où une constitution a été donnée et appliquée, l'insuffisance n'a pas tardé à s'en faire sentir, et il y a eu demande de réforme.

Qu'est-ce que cette question du Sleswig-Holstein, qui agite en ce moment les puissances, tient la diplomatie en haleine, et pour laquelle on demande un congrès? — Une question de constitution, et des plus complexes, puisqu'il s'agit à la fois du Danemark, du Sleswig-Holstein, et de toute la Confédération germanique.

Qui tourmente l'Allemagne, et l'a poussée avec une sorte de rage sur le Danemark? — C'est qu'elle n'est pas constituée, que sa fédération est toute dans l'idéal, et qu'avec la rivalité de ses princes, la contradiction de ses États, le morcellement de ses nationalités, enveloppée d'intrigues, entourée par la trahison, menacée de toutes parts, elle ne se sent pas vivre, elle n'a même jamais vécu.

Pourquoi le roi de Prusse se chamaille-t-il avec son peuple? — Parce qu'ils ne sont pas d'accord sur la Constitution.

D'où est venue la guerre civile aux États-Unis? De ce que le Nord et le Sud prétendent exploiter, chacun à son profit, la Constitution.

Que faisons-nous nous-mêmes au Mexique? une Constitution.

Question polonaise, question constitutionnelle.

Question hongroise, de même.

Et l'Italie, et l'Espagne? champs de bataille, depuis quarante ans, de l'idée constitutionnelle.

En 1825, lors de l'avénement de l'empereur Nicolas, une insurrection éclate à Saint-Pétersbourg : pourquoi? pour la Constitution. Depuis la guerre de Crimée, la Russie, a. dit l'un de ses ministres, *se recueille*; elle émancipe ses paysans, leur confère la propriété, réorganise son gouvernement, c'est-à-dire qu'elle prépare sa Constitution.

La plupart des constitutions qui ont été données depuis 1814, dans les deux Mondes, ont reçu des modifications nombreuses, quelquefois elles ont subi une refonte totale. La Suisse elle-même a deux fois remanié son pacte fédéral. Et cette Belgique, qu'on nous cite sans cesse comme le type des États constitutionnels, la voilà qui pourrit dans son doctrinarisme, entre ses cléricaux et ses libéraux. Il y a quelques années, elle faillit donner la saccade à son roi; aujourd'hui, elle redemande à cor et à cri ses franchises provinciales et communales, ébranlées par les unitaires; elle rêve, non de Charles-Quint, ni de Joseph II ou de Napoléon, mais de Jacques van Artevelde!

La seule Angleterre paraît immobile, à l'abri des catastrophes. C'est qu'en Angleterre on est CONVENU, quand même, de se maintenir dans la foi. En Angleterre, on a foi à la royauté, foi à l'aristocratie, foi à la bourgeoisie, foi à l'Église, foi à la Bible, foi à la grande Charte. Mais cette foi n'est qu'un empirisme déguisé, qui se refuse, et à bon escient, à toute définition rigoureuse. C'est une erreur de parler de la Constitution anglaise : aucun légiste ne se chargerait de l'extraire de l'arsenal de ses lois. Ce qui existe en Angleterre est une opinion factice, indiquant au jour le jour ce que doivent faire, en se couvrant du manteau des lois, dont il y a bonne provision pour tous les cas, les empiriques du gouvernement. S'il y avait une constitution en Angleterre, il y a longtemps que royauté, aristocratie, bourgeoisie, Église, auraient disparu. Mais attendez que l'idée soit entrée dans la tête de John Bull, avec le suffrage universel et le socialisme ; et vous verrez !...

Je résume en deux mots tout ce troisième chapitre :

Le XIXe siècle est en travail de sa constitution politique (et économique). La France est le pays où ce travail de la création humanitaire s'est produit jusqu'à présent avec le plus d'énergie : du reste, les phénomènes sont les mêmes partout. Essayons donc d'en saisir la loi, par l'analyse de notre histoire.

CHAPITRE IV

CRITIQUE GÉNÉRALE DES CONSTITUTIONS

Série historique et série logique. Extrêmes et moyens. Découverte du cycle constitutionnel. — Perpétuité de changement. Instabilité constante.

Les quinze Constitutions dont nous avons donné au chapitre précédent, par ordre de dates, la notice, en y ajoutant, d'un côté les *cahiers* fournis par les électeurs des trois Ordres aux députés des États généraux; d'autre part, les sénatus-consultes de 1852, 1856 et 1857, ainsi que le décret du 24 novembre 1860, servant de préludes à une Constitution nouvelle, forment à ce jour l'ensemble de notre évolution politique.

Or, la première observation à faire sur ce vaste mouvement, c'est que l'ordre historique ou chronologique dans lequel se sont succédé ces constitutions, et que nous avons adopté pour notre notre notice, n'indique pas leur filiation rationnelle, en supposant qu'elles en aient une; et qu'en conséquence cet ordre est impuissant à nous donner la théorie de toutes ces révolutions. Après une constitution monarchique, il en vient une ultra-démocratique; après celle-ci se présente une république de juste-milieu bourgeois; puis vient une autocratie militaire; puis une monarchie parlementaire; puis de nouveau une démocratie; puis un empire. Mais rien dans tout cela ne nous fait soupçonner ce que toutes ces constitutions, dont on aperçoit assez les divergences, peuvent avoir de commun; quel rapport les unit; quelle pensée les inspire; pourquoi elles se succèdent à tour de rôle, souvent en passant d'un extrême à l'autre, et après avoir témoigné d'une égale impuissance. Or, c'est justement la loi de ces transitions qu'il importe de découvrir. Involontairement nous nous rappelons le discours de Petit-Jean dans les *Plaideurs* :

Messieurs, quand je regarde avec exactitude
L'inconstance du monde et sa vicissitude;
Lorsque je vois, parmi tant d'États différents,
Pas une étoile fixe, et tant d'astres errants;
Quand je vois les Césars, quand je vois leur fortune;
Quand je vois le soleil et quand je vois la lune;
Quand je vois les États des *Babiboniens*,
Transférés des *Serpents* aux *Nacédoniens*;
Quand je vois les *Lorrains*, de l'État *dépotique*
Passer au *démocrite*, et puis au monarchique.. ..

Et nous nous demandons si ces vicissitudes sont le fait du Destin ou d'une Providence; dans tous les cas, quelle raison y préside.

Pour répondre à cette question, il n'existe évidemment qu'un moyen, qui est d'examiner et comparer entre elles toutes ces constitutions, dans leurs rapports avec la liberté communale, provinciale, corporative et individuelle; avec le droit civil, le droit public et le droit des gens; avec la philosophie, les arts, la civilisation, les mœurs, etc. Un tel travail exigerait des volumes, que personne ne lirait. Heureusement la logique fournit des procédés d'abréviation merveilleux, et qui, j'en suis sûr, feront plaisir au lecteur.

Nous avons donné précédemment la liste, par

ordre chronologique, de nos quinze constitutions. Nous allons maintenant ranger ces mêmes constitutions dans un autre ordre; remplacer la série historique, qui ne nous explique rien, par une série rationnelle, j'entends par là une graduation raisonnée, d'après les caractères de chaque constitution, et qui va nous les faire apparaître toutes ensemble comme les échelons d'un seul et même système, espèces ou variétés d'un genre unique.

Supposez, par exemple, que nous prenions pour premier terme de comparaison la constitution de 1804, la plus autocratique de toutes, il ne nous faudra pas une réflexion bien longue pour reconnaître que celle qui s'en rapproche le plus, à ce point de vue de l'autocratie, est la constitution de 1802; la troisième, dans le même ordre d'idées, la constitution de 1852; de sorte qu'en suivant toujours la même donnée, on arrive à la constitution de 1793, la contraire de la première, dans laquelle la démocratie est dominante et où il n'y a plus vestige d'autocrate. La charte de 1814-1830 forme à peu près le milieu.

Série rationnelle des constitutions du peuple français, de 1789 *à* 1864.

. . . .

Constitution de 1804 : impériale ; autocratie pure.

Constitution de 1802 : consulaire à vie, dictatoriale.

Constitution de 1852, 7 novembre : impériale ; autocratie légèrement tempérée.

Constitution de 1852, 14 janvier : dictature pour dix ans.

Constitution de 1799 : triumvirat dictatorial, pour dix ans.

Constitution de 1860, 24 novembre : impériale, à tendance parlementaire.

Constitution de 1815 : impériale constitutionnelle.

Constitution de 1789, 27 juillet-31 août, projet d'après les cahiers : monarchie constitutionnelle, entourée de souvenirs féodaux.

Constitution de 1815 : impériale constitutionnelle, représentative, et quasi-parlementaire.

Constitution de 1814 : monarchie constitutionnelle, représentative et parlementaire ; dynastie légitime ; cens électoral élevé.

Constitution de 1830 : la même, avec réduction du cens électoral, définition de la prérogative royale, et dynastie élue.

Constitution de 1791 : monarchie constitutionnelle et représentative, mais non parlementaire, la royauté étant subordonnée à l'assemblée.

Constitution de 1795 : républicaine, mais élections à plusieurs degrés; deux chambres formant bascule, cinq directeurs.

Constitution de 1848 : républicaine démocratique; suffrage universel et direct; une seule chambre, un président.

Constitution de 1793 : démocratie représentative, une seule assemblée ; tous les fonctionnaires publics nommés par le peuple.

. . . .

Chose importante à signaler : ni la constitution de 1804, ni celle de 1793, ne sont l'expression exacte de l'absolutisme autocratique ou de la démocratie pure, attendu que tout absolu est de sa nature irréalisable. C'est pour cela que nous avons indiqué, par une suite de points placés au commencement et à la fin de la série comme un *desideratum*, l'absence de ces deux absolus. Mais il n'en faudrait pas conclure que les deux susdites constitutions indiquent des positions renversées : il s'en faut de beaucoup, en effet, que le principe démocratique ait été poussé aussi loin, dans la série, que son contraste, le principe impérial. La constitution de Robespierre n'est point l'antithèse exacte de celle de Napoléon. Aussi, en 1851, quelques démocrates, espérant ranimer le zèle des masses pour les institutions républicaines, proposèrent, sous les noms de *gouvernement direct*, *législation directe du peuple*, des projets de constitutions qui, à ce point de vue de la souveraineté populaire, laissaient loin derrière eux les actes de 1848, 1795 et même 1793. Je n'ai point en ce moment à apprécier la valeur de ces propositions : je veux seulement faire remarquer, pour la rigueur de la théorie, que ces systèmes ne changeraient en rien l'esprit de la série, puisqu'elle consiste à montrer à l'œil, en un tableau raisonné, que toutes les constitutions du monde, en si grand nombre qu'elles puissent être, viendront toujours se ranger entre deux termes diamétralement opposés, formant les deux extrémités de la chaîne. Tout le monde comprend que, de même que par la constitution de 1804 tous les pouvoirs étaient réunis dans les mains d'un seul homme, de même, par une constitution inverse, ils pourraient l'être dans l'assemblée du peuple, délibérant et agissant sans représentation, magistrature ni ministère. Là le suffrage universel serait inutile. Mais qu'une semblable constitution ait été ou non appliquée, il n'importe en rien : les conséquences que nous aurons à tirer de la série n'en resteront pas moins les mêmes, et nos raisonnements conserveront toute leur certitude.

Au lieu de dresser la série en commençant par la constitution de 1804, expression la plus élevée de l'autocratie en France depuis 1789, nous aurions pu également commencer par celle de 1814 ou par toute autre, en faisant toujours suivre la constitution qui se rapproche le plus de la première, choisie comme premier terme, ou qui s'en écarte le moins.

Constitution de 1814 : doctrinaire ou juste-milieu.

Constitution de 1830 : tendant à la démocratie.

Constitution de 1791 : subordination monarchique.

Constitution de 1795 : république à bascule.

Constitution de 1848 : la même, une seule chambre.

Constitution de 1793 : subordination de la bourgeoisie au peuple.

.
.
.
.
.

Constitution de 1804 : autocratie pure, héréditaire.

Constitution de 1802 : dictature à vie.

Constitution de 1852, 7 novembre : autocratie tempérée.

Constitution de 1852, 14 janvier : dictature décennale.

Constitution de 1799 : Triumvirat pour dix ans.

Constitution de 1860, 24 novembre : impériale, à tendances parlementaires.

Constitution de 1789 : monarchie constitutionnelle, avec des traditions nobiliaires.

Constitution de 1815 : impériale, quasi-parlementaire.

Observations. A. — La série des Constitutions, telle que nous venons de la dresser d'après notre propre histoire et d'après la comparaison des différents régimes, forme ce que j'appellerai le *Cycle constitutionnel*, dans lequel toute société est appelée à se mouvoir, jusqu'à son organisation définitive. Ce cycle résulte de la prépondérance successivement accordée à chacun des éléments sociaux : on le trouve plus ou moins accusé dans l'histoire de tous les peuples.

Au moyen de ce cycle, nous pouvons nous rendre compte de la vérité de cette proposition, passée en proverbe, mais qui n'en conserve pas moins quelque chose de mystérieux pour l'intelligence, à savoir que *les extrêmes se touchent*.

Supposons qu'au lieu de coucher la série précédente en une colonne perpendiculaire, il eût été possible à l'imprimeur d'en disposer les lignes en rond, comme les rayons du cercle, ou la rose des vents : on verrait à l'œil que les extrêmes de l'autocratie et de la démocratie sont aussi voisins l'un de l'autre, que les milieux du parlementarisme. Et comme la théorie a toujours son application dans la pratique, nous trouvons ici la raison d'un fait observé depuis longtemps, mais peu ou point expliqué, c'est que dans les États soumis à l'agitation constitutionnelle, on a vu le gouvernement, après avoir touché par exemple la borne démocratique, au lieu de s'en revenir par une oscillation régulière vers les formes de juste-milieu, passer brusquement à l'autocratie ou pouvoir absolu. Le cycle rend la chose intelligible. Rien de plus opposé, en théorie, que ces deux termes, autocratie et démocratie, séparés l'un de l'autre par la multitude des gouvernements mixtes ; mais rien en même temps qui se touche de plus près, ainsi que le montre aux yeux la série disposée en cercle. En sorte que, si la force ou passion motrice qui précipite l'État tantôt vers la démocratie, tantôt vers l'absolutisme, n'est pas suspendue au moment où le pouvoir approche de l'un de ces termes, il franchit, par une culbute, l'intervalle plus ou moins idéal qui les sépare, et retombe sur ses pieds, transfiguré. Et chose désolante, comme si l'âme humaine était ici d'accord avec la métaphysique sociale, on a remarqué que les plus fougueux démocrates sont d'ordinaire les plus prompts à s'accommoder du despostisme, et réciproquement que les courtisans du pouvoir absolu deviennent, dans le même cas, les plus enragés démagogues.

B. — Ainsi, pris dans son ensemble, le cycle constitutionnel nous apparaît comme un système ou organisme d'ordre supérieur, composé de sous-organismes ou systèmes inférieurs, comme le corps de l'animal est composé d'organes et de viscères, l'âme de facultés, le genre d'espèces. On peut le comparer à une immense machine à engrenage, dont ce que nous appelons aujourd'hui forme ou système de gouvernement (monarchie, aristocratie, démocratie, etc.) n'est qu'un rouage particulier, et dans laquelle la société est emportée de manége en manége. On pourrait le comparer encore à la course du soleil, visitant tour à tour les douze signes du zodiaque, et reproduisant, par sa révolution annuelle combinée avec son mouvement diurne, le système des saisons, image incessamment renouvelée de la vie universelle.

Quoi qu'il en soit de ces comparaisons, nécessairement fautives, une chose résulte de tout ceci avec certitude : c'est qu'il n'y a pas en réalité plusieurs sortes de gouvernement, indépendantes les unes des autres, imaginées par la fantaisie ou génialité des législateurs, et entre lesquelles chaque nation est appelée à choisir suivant sa convenance et son tempérament. Il n'est pas vrai, comme s'en vantait Solon, que la constitution qu'il avait donnée aux Athéniens fût celle qui leur convenait le mieux : la preuve, c'est que, bien longtemps avant l'arrivée des Romains, avant Philippe lui-même, la gloire d'Athènes et sa liberté avaient péri par cette constitution. Si la société athénienne avait existé de nos jours, placée dans d'autres conditions, sous d'autres influences, il est probable qu'elle eût fait ce qu'a fait depuis quatre-vingts ans la société française : elle aurait épuisé le cycle des constitutions, elle aurait vécu d'une vie révolutionnaire. Elle nous aurait démontré une fois de plus, par son exemple, qu'il n'existe pour tous les peuples qu'un seul et même système politique, nécessairement donné dans ses éléments et conditions, et qui se compose de tous ces gouvernements divers, comme nous les appelons, mais système dont la vraie synthèse, pour des causes que nous aurons à reconnaître, a jusqu'à présent échappé à l'observation, ou n'a pu se produire.

Ce qui atteste la vérité de cette synthèse, à laquelle est appelé le genre humain ; ce qui prouve que les prétendus gouvernements dont nous avons donné la liste n'en sont tous, à des points de vue divers, que des mutilations ou des étranglements, c'est, et l'expérience ne l'a que trop prouvé, qu'ils n'offrent aucune garantie sérieuse de durée, qu'ils manquent de stabilité et d'équilibre, qu'à l'analyse ils ne présentent que contradiction ; c'est, enfin, je répète, que rassemblés en un tableau synoptique, et rangés selon le rapport de leurs caractères, ils apparaissent comme autant de phases d'une grande évolution, dans laquelle l'État oscille, tourbillonne, tantôt essayant de se fixer à l'un des points intermédiaires, tantôt parcourant avec rapidité la série, et quelquefois franchissant avec violence la ligne idéale qui par un côté sépare les extrêmes. En sorte que le *Cycle constitutionnel*, que nous a découvert la logique, doit être considéré par nous, dans la forme que nous lui avons donnée, beaucoup moins comme l'expression exacte et définitive du système social, que comme la figure des diverses hypothèses, pour ne pas dire des épreuves et préparations, qui nous y conduisent.

C. — Non-seulement le système politique est *un* de sa nature, et cette unité est démontrée par la variété même des formes gouvernementales, ou de ce que nous prenons pour tel, ainsi que je viens de le dire ; ce système est de plus *nécessaire*, d'une nécessité contingente, *permanent*, *immuable*. En effet, il a ses données dans les conditions et les éléments de la société ; et comme cette société, comme l'humanité, quelles que soient les phases de son existence, ne change point dans l'ensemble de sa vie phénoménale, comme elle est immuable dans son être, ainsi que le globe, dont elle est la couronne ; ainsi que la matière, dont elle réunit en soi toutes les énergies ; ainsi que la vie, dont elle est la plus haute expression ; ainsi que l'esprit, dont elle est le verbe ; ainsi que la Justice, enfin, dont elle est l'interprète, il s'ensuit que le système politique qui nous régit, soit dans ses phases préparatoires, soit dans sa forme finale, est immuable. Ceci n'exige pas de longs éclaircissements.

Nous concevons *à priori* que, l'homme étant un être moral et libre, vivant en société, et soumis à justice, la société ne peut manquer de se constituer un ordre, c'est-à-dire de se donner un gouvernement ; — que ce gouvernement sera confié aux soins d'un élu, appelé prince, empereur, ou roi ; ou de mandataires, formant sénat, patriciat, aristocratie ; à moins qu'il n'y ait possibilité de laisser le pouvoir à l'assemblée du peuple ; — que les fonctions du gouvernement s'exerceront, tantôt *ad libitum*, par une volonté arbitraire, collective ou individuelle; tantôt, d'après des traditions et des coutumes; tantôt enfin suivant des règles positives et des lois raisonnées. On conçoit de plus que tous ces éléments, qui semblent s'exclure, transigeant entre eux, s'associent et se combinent dans des proportions variables : que l'autocratie soit tempérée par une intervention de l'aristocratie ou démocratie; que le bon plaisir soit limité ou modifié par la coutume, l'initiative du prince par celle du sénat, toutes deux par l'élection populaire et par la loi écrite ; — que la subordination des classes, des fonctions et des prérogatives soit plus ou moins grande, et que parfois elle se déplace, etc. Tout cela peut varier à l'infini; et c'est pourquoi, entre les deux extrêmes de l'autocratie et de la démocratie, on peut insérer autant de moyens termes que l'on voudra. Mais tout cela ne fait pas que le système change; il ne fait que le confirmer : et tout ce que l'historien peut conclure ici des variations d'un État, c'est que la société est en souffrance, qu'elle cherche son assise, souvent même qu'elle décline, et, ne pouvant triompher de son impuissance, tend à la mort. En sorte que le système politique, tel que nous le comprenons maintenant, est élevé au-dessus de toute atteinte, affranchi de toutes les folles entreprises de l'homme, plus solide, plus durable que la race et la nationalité même. Nous pouvons nous livrer en politique à toutes les orgies imaginables, essayer de toutes les hypothèses, aller de la bascule à la dictature, et de l'empire à la démagogie : nous ne sortirons jamais des [bornes] prescrites, et, de deux choses l'une, ou nous périrons dans nos évolutions insensées, ou nous arriverons à cette synthèse dernière, qui est la paix et la félicité des peuples (1).

(1) Proudhon a eu la pensée de faire ici une coupure, et d'introduire un nouveau chapitre, qui aurait été le Ve. Si nous interprétons justement quelques notes de lui, très-courtes et toutes personnelles, il voulait, avant d'aborder les deux observations qui lui restaient à faire, D et E, apprécier la méthode adoptée dans cette Étude; opposer à la stérilité de la *série historique*, ou plutôt chaotique, où l'on ne voit goutte, et qu'il n'a pas prétendu expliquer, la fécondité de la *série rationnelle* ;

D. — Un troisième caractère du cycle ou système constitutionnel toujours considéré dans son ensemble, est son antinomie. Cela signifie qu'il consiste fondamentalement dans l'opposition de deux termes qui ne peuvent ni s'absorber l'un l'autre, ni s'exclure jamais. Ainsi, dans l'État le plus autocratique, on retrouvera toujours l'élément démocratique, puisque le bon sens dit qu'il n'y a pas de roi sans sujets; et réciproquement dans toute démocratie l'élément autocratique reparaît sans cesse, puisqu'il y a toujours unité de pouvoir dans l'État, unité dans chaque division organique, et que, pour assurer l'unité d'action dans l'organe, le plus souvent on l'invidualise, on en fait un fonctionnaire. Ainsi encore on aura beau dire que l'élu ou le représentant du peuple n'est que le mandataire du peuple, le serviteur du peuple, le fondé de pou-

peut-être aussi rappeler ce qui arrive d'un peuple « qui se fixe à une constitution qu'il croit parfaite, et qui est variable, sans équilibre : des révolutions furieuses, et à la fin scepticisme, découragement, lâcheté, mollesse. »

Il n'a pas réalisé cette pensée.

M.-L. B.

voirs du peuple, son délégué, son avocat, son agent, son interprète, etc.; en dépit de cette souveraineté théorique de la masse, et de la subordination officielle et légale de son agent, représentant ou interprète, on ne fera jamais que l'autorité et l'influence de celui-ci ne soient plus grandes que celles de celui-là, et qu'il en accepte sérieusement un mandat. Toujours, malgré les principes, le délégué du souverain sera le maître du souverain : cela vient, non pas tant, comme on pourrait le supposer, de ce que le délégué est assez généralement plus capable que ceux qui font la délégation, mais de ce que, en matière de souveraineté, le véritable souverain est celui que le consentement du peuple en a fait dépositaire. La nu-souveraineté, si j'ose ainsi dire, est quelque chose de plus idéal encore que la nu-propriété : tout cela est parfaitement contradictoire dans les termes; mais cela ne peut être autrement. C'est à nous de connaître la valeur des mots et des formules, et de nous tenir sur nos gardes.... Je ne m'étendrai pas davantage sur le caractère antinomique des gouvernements : je craindrais d'embarrasser ceux de mes lecteurs qui n'ont jamais entendu parler de ces sortes de choses, et de fournir prétexte aux railleries des autres.

E. — De ce que l'organisme politique, aussi bien dans chacune des phases ou formes qui le composent que dans son ensemble, est antinomique, il s'ensuit qu'il est essentiellement *mobile :* l'immobilisme, dont on fait trop souvent le synonyme de stabilité, est aussi étranger aux sociétés, quoi qu'en aient dit de tout temps les théorieiens du pouvoir absolu, que l'intelligence peut l'être à la pierre, l'amour au néant, l'idéal et la religion aux bêtes. Là est le mystère de la vie politique. La société, soit qu'elle avance, soit qu'elle recule, est toujours en action, toujours en création d'elle-même. Sans cela il n'y aurait pas de progrès : la civilisation serait telle aujourd'hui que le premier jour ; l'homme, comme l'animal, ayant épuisé ses premières intuitions, resterait dans le *statu quo ;* il serait le premier parmi les espèces industrieuses, mais, comme elles, il n'aurait rien ajouté à la science de ses pères; après la première génération, la destinée du genre humain aurait été accomplie.

J'essaierai d'expliquer, en peu de mots, comment, dans le système politique, l'antinomie engendre le mouvement. « Donnez-moi de la matière et du mouvement, disait un mathématicien, et je vous expliquerai le monde. » Eh bien! ce mathématicien exigeait trop : la première chose qu'il avait à expliquer, selon moi, c'était comment le mouvement naît des propriétés antithétiques de la matière, ce qui revient à dire de l'opposition des idées.

Je dis donc que la cause du mouvement, dans le système politique, n'est autre que l'enchaînement des termes de la série, termes dont nous avons vu que le nombre est théoriquement infini (voir plus haut, observation C), et qui sont tellement liés, que l'esprit, quelle que soit sa subtilité, glisse incessamment de l'un à l'autre, sans pouvoir jamais se fixer sur aucun.

Il n'en est pas de la pensée comme de la parole. Celle-ci nomme, définit, individualise les objets, et par ses définitions, ses individualisations, par les noms qu'elle impose, et qui lui servent à concréter les idées, elle parvient, jusqu'à certain point, à les distinguer les unes des autres, ce qui donne le moyen à la pensée de se fixer momentanément sur elles. Sans doute ces définitions ne sont pas justes ; la logique l'a reconnu, *omnis definitio periculosa;* sans doute nos raisonnements sont souvent faux, et nos conclusions malheureuses : nous en avons vu plus haut un exemple, à propos des prétendus *mandataires* du peuple souverain. Il a fallu bien du temps avant que la philosophie se fût aperçue que la logique des quantités définies n'était pas applicable aux idées politiques. Cependant, même dans les sciences morales et métaphysiques, cette parole reconnue si imparfaite nous rend d'immenses services, et nous ne saurions nous en passer. Mais l'homme qui, par la pratique même du langage, s'est habitué à penser sans le secours des signes, procède d'une tout autre manière. Il ne s'arrête plus aux réalités concrètes ; à peine si les individualités l'intéressent : ce sont les lois des choses qui l'occupent ; il plane sur les idées, sur les genres et les espèces ; il voltige de groupe en groupe ; son intelligence est dans un mouvement perpétuel. Tous ces objets divers, qui, lorsque nos yeux les regardent, que notre oreille les écoute, que notre bouche les appelle, se présentent séparément à notre esprit, et nous imposent leurs spécifications, perdent leurs différences et ne nous apparaissent plus que comme des formes changeantes, quand nous les contemplons du regard de l'entendement. Qu'est-ce qu'un oiseau, un poisson, un quadrupède pour le naturaliste ? L'échantillon d'une espèce animale, appartenant à un genre, qui lui-même fait partie d'une catégorie supérieure, laquelle rentre dans un des règnes de la nature. Dans l'animal que vous nommez, le naturaliste voit toutes ces choses à la fois ; il ne peut pas ne les pas voir, puisque, s'il ne les voyait pas, sa science serait nulle ; il n'aurait eu que la perception d'une image. Mais le chasseur, qui dans le gibier qu'il poursuit ne voit que des objets de consommation, ne les saisit que dans leur distinction et leur individualité ; pour lui le chevreuil est chevreuil, et la chèvre la chèvre; de même la perdrix est perdrix, la poule d'Inde est poule d'Inde, et ainsi du reste. Il n'a nul souci ni de ruminants, ni de pachydermes, ni de quadrumanes ; pas plus que des passereaux, des gallinacés, des palmipèdes et autres. Si insaisissables que soient entre les animaux auxquels il fait la guerre les différences physiques ou morales, qui lui servent à les reconnaître, il ne s'y trompe jamais; il est sûr de ne pas les confondre, beaucoup plus clairvoyant en cela que le savant, qui, cherchant à se rendre compte par le raisonnement des différences que les sens révèlent et que la parole marque aussitôt, s'embarrasse dans ses classifications, ne réussit qu'à constater sa propre impuissance, et finit par avouer que pour lui, homme de la science, le loup et le chien ne diffèrent point l'un de l'autre, et que le chat et le tigre sont un seul et même animal. En sorte que la pensée philosophique, qui, pour satisfaire à sa propre curiosité et soulever un coin du voile de la nature, est obligée de pénétrer fort au delà du témoignage des sens et d'en négliger les définitions, se voit obligée, dans une foule de cas, et à peine de tomber dans l'absurde, d'y revenir (1).

(1) L'étude des animaux a fait découvrir deux choses l'une, que les races ou variétés d'une même espèce sont sujettes dans leurs formes à des modifications considérables; l'autre, que le système entior des classes, ordres, genres et espèces du règne animal repose, quant à la strueture des animaux, sur un plan unique. Cette unité de structure, qui paraît être assez bien établie même entre les animaux les plus disparates, jointe à ce que l'on avait observé des modifications que pouvaient subir certaines races, a conduit à cette hypothèse, que tous les animaux étaient sortis les uns des autres par une suite de métamorphoses successives, et que la dernière de ces transformations avait été celle de l'orang-outang en homme. Cette manière de concevoir la création des êtres vivants me paraît, je l'avoue, d'une vérité incontestable, mais seulement quant à la théorie. Beaucoup d'espèces animales ont disparu; beaucoup d'autres, dont la création était possible, n'ont pas vu le jour. Entre cette multitude d'espèces, rendues de plus en plus voisines par d'innombrables et incessantes variétés, les lignes de démarcation finissent par se confondre, et l'on peut, l'on est en droit d'affirmer, au point de vue de la spéculation, de la science pure, que tous les animaux ont une même origine, et que la suite des générations a seule fait leurs différences. Mais ce que la philosophie spéculative est conduite, par l'indéfinissabilité de ses notions, à accepter comme nécessaire, ne peut plus être admis dans la réalité. La création est, qu'on me permette cette façon de m'exprimer, la parole ou le verbe de Dieu. Dieu, en parlant les êtres, en donnant une réalité physique, corporelle, aux idées ou archétypes conçus dans sa pensée, les a par cela même fixés et définis, exac-

Ce que nous venons de dire de la transcendance des sciences naturelles n'est rien en comparaison de celle qui attend le philosophe dans les sciences morales et politiques. Là du moins les sens sont de moitié dans l'observation ; et, s'il s'en faut de beaucoup qu'ils donnent la science, ils nous introduisent dans le vestibule,

tement comme nous faisons nous-mêmes, lorsque nous rendons les conceptions antinomiques et indéfinissables de notre entendement par des mots qui, bon gré mal gré, les définissent. Il suit de là que les formes créées ne se meuvent que dans un étroit espace; et, tandis que la transformation des genres et des ordres peut s'opérer intellectuellement, que les espèces seules présentent, dans la réalité, des variations appréciables. En fait, on ne saurait nier la contemporanéité d'une foule d'espèces animales, de même qu'on est forcé d'admettre la création successive de certaines autres; en fait encore, on n'a jamais prouvé, on ne prouvera jamais la transition effective d'un genre à l'autre: cette transition, par les motifs que j'ai développés, répugne à la philosophie aussi bien qu'au sens commun. Il n'est donc pas vrai que l'homme, par une suite de perfectionnements successifs, soit sorti originairement du singe, pas plus que le rossignol de la chauve-souris, ou la grenouille du merlan. Et quant à la puissance créatrice, qu'on adopte la théorie des hétérogénistes ou qu'on suive celle des panspermistes, qui oserait dire que Dieu, nature naturante, ayant conçu les idées de l'homme et des animaux supérieurs, n'a pas pu les réaliser immédiatement en germes, sans passer par la filiation généalogique qu'une philosophie inconséquente voudrait lui imposer?

et leur témoignage ne peut être récusé. Mais dites-moi ce qu'il y a d'accessible aux sens dans les choses de la politique et de l'organisation sociale ? Les premiers rois se tatouaient le visage, comme le donne à entendre l'histoire de Samuel; ils portaient, pour se faire reconnaître, un sceptre, une tiare, un diadème. La belle démonstration ! Les prêtres, dans l'Église catholique, se coupent les cheveux en rond et portent une soutane noire : demandez-leur à eux-mêmes ce que cela prouve. Que si les individus chargés des fonctions publiques ne se peuvent reconnaître, dans les sociétés humaines, à aucun signe physique, comme les rois, les reines, et les ouvrières se reconnaissent chez les abeilles, c'est bien pis, si vous en venez aux attributions des fonctionnaires, aux questions d'hiérarchie, de subordination et d'autorité. Que le commissaire de police ceigne son écharpe; que le juge revête sa toge ; que le sergent ait ses galons, l'officier son épaulette : les enfants eux-mêmes n'en sont pas dupes. La nature n'ayant pas jugé à propos de nous grader en nous imprimant des stigmates, nous nous sommes fait des *insignes* de convention, ô vanité humaine ! Mais par quelle symbolique, dites-moi, nous prouverons-nous à nous-mêmes que ceux-là ont droit à notre obéissance, qui portent le costume signalétique, et surtout qu'ils y ont droit dans la mesure et les circonstances prescrites, rien de plus, rien de moins ? Qui réglera l'action du pouvoir ? Qui déterminera la compétence ? Comment trancher aux yeux cette question formidable : Qui est le souverain du peuple, de cette vulgaire multitude, ou du prince, né de race royale, sacrée de génération en génération par le pontife, et jadis acclamée par le peuple même ?....

Je crois inutile d'insister. Il est clair que les questions de l'ordre social sont en dehors de l'expérience sensible, soustraites au témoignage des sens ; qu'elles relèvent uniquement de la pure raison, et qu'il est de toute impossibilité à la dialectique vulgaire, assistée des définitions de la routine et du prestige de l'éloquence, de les résoudre. Aucune indication du dehors ne peut ici servir de phare au publiciste, lorsqu'emporté dans ce tourbillon d'hypotèses gouvernementales qui toutes rentrent les unes dans les autres, qui toutes peuvent se substituer sans transition l'une à l'autre, comme nous l'avons constaté pour les deux extrêmes, et sur aucune desquelles il ne lui est possible, en bonne science et en bonne conscience, d'arrêter un regard de prédilection, il est amené à se demander s'il n'est pas le jouet d'un esprit de mensonge, si l'humanité elle-même n'a pas été livrée en pâture à la Fortune, et si le plus sage n'est pas de laisser le monde aller à sa guise, et le pouvoir au premier qui s'en emparera.

Dans cette détresse de la pensée politique, une chose pourtant reste indubitable : partout les idées sont en branle, aussi bien dans l'esprit des détenteurs du pouvoir, intéressés au *statu quo*, et dont le scepticisme se traduit dans tous leurs actes, que dans l'opinion des masses, lancées à corps perdu dans la révolution. Personne qui puisse se flatter de tenir fidèlement à un principe, d'en suivre jusqu'au bout les conséquences ou de se défendre de l'invasion des idées contraires. J'en ai dit la raison : c'est que la politique, qui tient tant de place dans l'histoire pratique de l'humanité, se passe tout entière dans la sphère de l'intelligence, là où les idées sont affranchies du fardeau de la matière et de l'empirisme.

Est-il besoin que j'ajoute maintenant que l'homme n'agissant jamais que de l'abondance de sa pensée, ce qu'il fait étant toujours l'expression de ce qu'il conçoit, si ses conceptions sont en mouvement, ses opérations, ses entreprises, ses institutions, seront dans un mouvement analogue ; l'agitation de sa vie traduira l'agitation de sa pensée ?

Les faits racontés par nous dans les deux premiers chapitres de cet ouvrage recoivent de tout ceci une nouvelle lumière. De 1814 à 1830, la nation française, saisie par le texte de la Charte, affirmant ce texte, qu'elle soupçonnait la couronne de vouloir effacer, s'arrêtait, de propos délibéré, à cette formule ; elle voulait la retenir, l'immobiliser, s'y fixer elle-même. Deux fois elle vengea sur la dynastie le crime d'y avoir voulu porter atteinte. Alors on peut dire que la nation tout entière était immobiliste. Cela ne pouvait durer : de 1840 à 1848, les idées se développèrent dans le pays, et aussitôt entrèrent en mouvement; depuis quinze ans, nous allons d'un extrême à l'autre, puis nous revenons au milieu, et ne faisons plus que nous déjuger. Il en sera ainsi jusqu'à ce que nous ayons appris à nous rendre maîtres de la force qui nous précipite, et qui n'est autre que la mobilité même de nos conceptions.

Je me résume :

Tous les gouvernements passés, présents et futurs, imaginés et imaginables, comparés entre eux, et rangés en un tableau d'après le rapport de leurs caractères, apparaissent comme autant d'organes particuliers d'un vaste système, sorte de laboratoire ou lieu d'exercice, où se fait, par une suite d'évolutions ou d'épreuves, l'éducation politique de l'humanité.

En termes plus simples, les formes de gouvernement, essentiellement empiriques, dont l'humanité a jusqu'à ce jour fait l'essai, peuvent être considérées comme des réductions violentes, plus ou moins illogiques, des mutilations du système vrai, dont chaque nation poursuit la découverte. Le XIXe siècle est surtout remarquable par l'ardeur et l'universalité de cette recherche.

Ce système, synthèse finale de toutes les conceptions politiques, donné *à priori* par les éléments et les conditions de la société, est un, immuable, antinomique, et dans un perpétuel mouvement. La mobilité résultant en lui dynamiquement des antinomies sur lesquelles il repose, on peut dire qu'il est *autokinètos*, moteur de lui-même, générateur de son propre mouvement.

De l'équilibre du système politique résulte la vie normale de l'être collectif, nation, État.

Si l'équilibre est détruit, le mouvement ne s'en continue pas moins, mais en mode subversif: l'opposition des éléments se change en antagonisme; l'état de la société devient révolutionnaire.

C'est la cause de cette rupture d'équilibre dans l'ordre politique, et des catastrophes qui en sont la suite, que nous avons à chercher maintenant.

CHAPITRE V

CRITIQUE GÉNÉRALE DES CONSTITUTIONS

De l'unité et de l'indivisibilité organique : formule, conditions et limites de cette loi. Application à l'ordre politique. Grave erreur des publicistes, hommes d'État et auteurs de constitutions à ce sujet : exagération unitaire.

Maintenant, lecteur, nous avons passé le plus difficile. Ce qui me reste à vous dire ne sera plus que pour votre curiosité et amusement : je suppose, bien entendu, que la destinée des nations vous intéresse, et que les mystifications des hommes d'État vous amusent. Lisez donc, et quand vous serez à la fin, vous en saurez plus en fait de politique que personne avant vous n'en a jamais su.

Vous avez vu, au chapitre précédent, que tout gouvernement est mobile de sa nature, et que le principe de son mouvement est en lui-même.

Ce mouvement a pour cause la *polarité*, si j'ose ainsi dire, ou antinomie des notions sur lesquelles repose le système politique, et qui créent en lui une agitation ou mouvement perpétuel.

Cette *autokinèsis* constitue la vie sociale. Le mouvement est-il régulier, comme le pouls de l'homme en santé? On peut dire que la société se porte bien : son gouvernement s'exerce dans des conditions normales; elle possède la vie heureuse. Malheureusement, nous avons vu que ce cas a été jusqu'à présent fort rare, si tant est qu'il se soit jamais présenté. Notre activité est fiévreuse, pleine d'emportement; tous nos établissements politiques, quelque soin que nous prenions de les équilibrer, sont toujours instables, à tel point que ce vertige gouvernemental, véritable pénitentiaire des nations, a paru à d'éminents esprits la condition providentielle ou fatale, on ne sait lequel, de notre existence terrestre.

Il s'agit de savoir une bonne fois à quoi nous en tenir sur cette prétendue damnation; si l'arrêt prononcé contre nous est irrévocable; si ce martyre, qui dure depuis tant de siècles, est décidément sans remède? Et d'abord, le désordre qui nous tourmente vient-il du dedans ou du dehors? Mais qu'y-a-t-il hors de l'humanité qui puisse la troubler? Remarquez que les phénomènes révolutionnaires, quelque vacarme qu'ils produisent au dehors, sont essentiellement de l'ordre animique et intellectuel : comment seraient-ils le fait d'une influence étrangère? C'est donc au dedans de nous-mêmes qu'il faut chercher la cause de nos douleurs; dans cet organisme compliqué que nous connaissons à peine. Recommençons cet examen de conscience.

Tout organisme a pour condition de durée l'unité et l'indissolubilité : la dissolution, c'est la mort. Ainsi la plante et l'animal sont exclusifs dans leur organisme et indissolubles. Séparez la tige de la racine, la fleur du bourgeon, faites couler à terre la séve, le pollen : les parties séparées sont détruites; la plante sèche, devient inféconde et meurt. Séparez dans l'animal le cerveau, le cœur, le poumon, l'estomac, etc., la mort s'ensuit immédiatement et irrévocablement.

Il ne suffirait de rien, pour faire revivre l'être ainsi désorganisé, de replacer les parties chacune à la place qu'elle occupait auparavant. Supposez qu'au sein de l'organisme il s'en forme un autre; un champignon, un tubercule, une vermine : si l'animal ou la plante n'a pas assez d'énergie pour expulser ou dissoudre cet organisme parasite, il périra.

La même chose a lieu pour les existences collectives, famille, tribu, compagnie, armée, église, etc. Séparez les uns des autres le père, la mère, les enfants : il n'y a plus de famille. Il est entendu qu'il s'agit ici de séparation morale, puisque les organismes dont nous parlons sont surtout de l'ordre moral, spirituel. Rompez le lien hiérarchique entre le général, les officiers, sous-officiers et soldats ; jetez pêle-mêle infanterie, cavalerie, artillerie : au lieu d'armée, vous avez une cohue, une déroute. — Scindez, dans l'Église, la révélation, la tradition, et le sacerdoce ; laissez à l'arbitraire de chacun dogme, culte, morale, vous détruisez l'Église, et avec l'Église, la religion. Que dans un établissement industriel, l'entrepreneur, le contre-maître, les ouvriers, le comptable, agissent sans direction, l'établissement marche à sa ruine.

La société politique, ou la cité, se comporte absolument de même. Elle est une et indivisible par nature : pour la détruire, vous n'avez à faire qu'une chose, qui est d'y semer la discorde, ou d'y faire naître une société rivale. Tout royaume divisé périra, dit la Sagesse; Satan lui-même, selon Jésus-Christ, ne saurait se soutenir dans la division.

Tout cela est élémentaire : personne n'a jamais nié ce principe; et moi-même, qui professe en politique *l'anarchie*, qui me suis déclaré décidément *anti-unitaire*, je n'ai garde de le nier non plus. L'unité, dans l'organisme politique, est, à peine de perdition, inviolable.

Voici maintenant où commencent les difficultés.

D'abord, il y a des limites naturelles à tout organisme : rarement les plus grands végétaux atteignent une hauteur de 60 ou 70 mètres, et vivent au delà de quelques siècles; parmi les animaux, les plus grands sont l'éléphant et la baleine; et la géologie nous apprend que plusieurs races analogues, de taille peut-être supérieure, ont disparu. Ces dimensions sont bien loin de celles de la planète, dans laquelle une philosophie mystique a voulu voir aussi un organisme. La terre n'est pas un être organisé; à moins qu'on ne prétende que la pierre, le caillou, le grain de sable le sont aussi.

Une seconde chose à observer, c'est que, dans toutes ces existences qui se distinguent par leur organisation, la force vitale, la puissance d'action, l'agilité, etc., n'est pas, somme toute, en raison directe, mais plutôt en raison inverse du volume et de la masse. La taupe, eu égard à son poids, a plus de force que l'éléphant; l'hirondelle vole incomparablement mieux que l'aigle et le vautour. Si l'homme, par ses facultés intellectuelles et morales, est le roi des animaux, on peut dire qu'il leur est inférieur à tous sous les autres rapports : en sorte que, comme l'énergie vitale paraît être en raison inverse de la masse, l'intelligence à son tour semble ne se développer qu'aux dépens de la vitalité.

Ces observations s'appliquent également aux êtres collectifs : là aussi, la force de cohésion, l'énergie du groupe, a ses limites, qui déterminent celles du groupe lui-même.

C'est dans la famille que l'unité se révèle avec le plus de force, et cette unité paraît être à son maximum de concentration lorsque la famille est jeune, bornée à trois catégories seulement d'individus, le mari ou père, l'épouse ou la mère, et l'enfant. Mais que, par l'accroissement même de l'enfant et par son mariage, un nouveau couple [se produise] : aussitôt le lien familial commence à se détendre; l'autorité paternelle s'amoindrit; bientôt elle se partagera : c'est ce qui fait que la tribu a déjà moins de puissance organique que la famille même. Supposez que dans ce groupe, formé tout à l'heure de trois et même quatre générations, les jeunes couples, au lieu de rester sous le toit commun, aillent s'établir à quelque distance : ce seul fait du domicile séparé portera un nouveau coup à la tribu ; ce seront de vraies familles, affirmant leur unité propre et leur inviolabilité, et se posant en rivales de la famille mère. Quoi que fasse alors le patriarche, il sera, toutes proportions gardées, moins puissant que le père, car il devra compter avec ses enfants et ses petits-enfants.

Posons donc ce principe, principe d'expérience autant que de raison, que, *Dans tout organisme, la force d'unité est en raison inverse de la masse;* conséquemment que, *Dans toute collectivité, la puissance organique perd en intensité ce qu'elle gagne en étendue, et réciproquement.*

Cette loi est universelle; elle régit le monde de l'esprit comme celui des corps ; elle se retrouve dans la *philosophie*, la *science*, le *droit*, la *littérature*, l'*art*, le *poëme*, l'*histoire*, etc. Sans unité, point de vérité, point de beauté, pas même de moralité. Un système sans unité est une contradiction; une justice double est l'iniquité même.

Appliquons cette loi à la politique : la cité est essentiellement une, indivisible, inviolable : plus elle se développera dans sa population et son territoire, plus la force de cohésion, plus l'unité gouvernementale devra se détendre, à peine de tyrannie, et finalement de rupture. Qu'elle établisse à côté d'elle, à quelque distance, des succursales, des colonies : tôt ou tard ces colonies ou succursales se transformeront en de nouvelles cités, qui ne conserveront avec la cité mère qu'un lien de fédération, ou même n'en conserveront pas du tout.

La nature elle-même nous prêche d'exemple. Quand le fruit est mûr, il se détache et crée un nouvel organisme ; quand le jeune homme est devenu majeur, il quitte son père et sa mère, dit la Genèse, et s'attache à sa femme ; quand la cité nouvelle est à même de se subvenir, elle proclame d'elle-même son indépendance : de quel droit la cité mère prétendrait-elle la traiter en vassale, en faire une exploitation, une propriété ?...

C'est ainsi que nous avons vu de nos jours les États-Unis s'affranchir de l'Angleterre ; que le Canada s'est également affranchi, au moins de fait, sinon d'une manière officielle ; que l'Australie est déjà en voie de séparation, du consentement et avec la satisfaction entière de la mère patrie ; c'est ainsi que tôt ou tard l'Algérie se constituera en une France africaine, à moins que, par d'abominables calculs, nous ne persistions à la retenir, par la force et la misère, dans l'indivision. C'est ainsi, enfin, que l'ancienne Grèce fonda partout des colonies libres, et inaugura, autour de la Méditerranée, une civilisation bien supérieure à celle que lui substitua plus tard l'unité impériale et prétorienne.

Si cette théorie de l'unité politique et de sa multiplication avait besoin d'être confirmée par des expériences en sens contraire, les exemples ne manqueraient pas. Quand le faisceau des cités grecques est absorbé par la Macédoine, c'est fini des républiques grecques. Quand Rome s'est approprié par la victoire l'Italie tout entière, l'Italie retourne peu à peu à la sauvagerie, et Rome elle-même, insuffisant foyer pour tant de peuples, change la forme de son gouvernement et perd la liberté. Quand le monde entier est devenu tributaire de l'Empire, qui se flatte de lui donner le droit et la paix, le monde tombe dans la dissolution, et ne trouve ni paix ni droit. Alors la Rome impériale recule devant son propre ouvrage; sur tous les points elle va se contredire et se déjuger : elle appelle les nations tributaires au droit de cité; au lieu d'un empereur, elle s'en donne quatre, et prépare ainsi de ses propres mains cette grande dissolution qui ne sera autre chose que le retour, d'ailleurs incomplet, aux unités originelles.

Plus que jamais le principe de l'unité, après avoir fait notre espoir, cause notre tourment; c'est que jamais aussi ce principe ne fut moins compris, et plus maladroitement appliqué. Républiques et monarchies se jettent dans l'absorption unitaire; et ce qu'il y a de plus étrange, c'est qu'au moment même où elles affirment, comme autant de droits sacrés, les excès de cet unitarisme, elles revendiquent avec une égale passion le principe diamétralement contraire, la nationalité (1).

(1) Que l'unité du pouvoir, non-seulement dans ce qu'elle a de rationnel et de légitime, mais dans son exorbitance la

L'erreur à ce sujet est si générale, si profonde, tellement invétérée; du vieux droit de *conquête*,

plus écrasante, ait fait, depuis 89, la préoccupation constante de nos publicistes et hommes d'État, c'est ce qui résulte surtout du texte de la constitution, républicaine et démocratique cependant, de 1848. Mais qui sait aujourd'hui ce que contenait cette constitution, qui s'en soucie? Qui, l'ayant lue, en comprit jamais la pensée principale? Qui se doute que le plus grand souci de ses auteurs fut de prémunir la République contre le républicanisme de ses institutions? Personne, pas même l'honorable M. Dupin, qui a publié un commentaire de ce chef-d'œuvre. Aussi le lecteur ne sera-t-il pas peu étonné tout à l'heure d'apprendre et de se convaincre par sa propre lecture que la constitution de 1848, produit, suivant les critiques du juste-milieu, de l'anarchie socialiste, fut conçue, préparée, discutée et votée dans un véritable emportement monarchique. Aucun acte, parmi les quinze conservés dans nos archives, ne témoigne à ce point de l'attachement de la France aux mœurs et aux formes du pouvoir royal.

Le *Préambule* est de toute édification : on dirait un sermon de M. le pasteur Coquerel. Il commence par un signe de croix et finit en *Gloria Patri*. Je n'en citerai que les premiers mots, avec l'art. II et l'art. V, qui seuls ont trait à mon objet :

« EN PRÉSENCE DE DIEU, ... la République française est démocratique, une et indivisible. » — Cela n'a l'air de rien; cette indivisible unité n'est, au début, pas plus grosse qu'un atome. Mais posez-vous la question, par simple manière d'éclaircissement : Pourquoi la République française, démocratique, se dit-on, ne serait-elle pas subdivisée en plusieurs souverainetés? Cela ne serait-il pas encore plus démocratique?... Et vous verrez aussitôt le monstre sortir de son embryon, et vous apparaître.

V. — « Elle (la République) respecte les nationalités étran-

qui lui donnait une sorte d'excuse, mais que l'on devra dire désormais aboli, elle s'est introduite

» gères, comme elle entend faire respecter la sienne; n'en-
» treprend aucune guerre dans des vues de conquête, et n'em-
» ploie jamais ses forces contre la liberté d'aucun peuple. »
— Charité bien ordonnée commence par soi-même, dit le proverbe. Si tel devait être l'esprit de la nouvelle République, que ne commençait-elle par témoigner de son bon dessein en rendant à l'existence les nationalités dont se compose son Unité? Les auteurs de la constitution de 1848 s'imaginaient-ils par hasard que les douze ou quinze peuples, parfaitement distincts, dont la réunion forme ce qu'on appelle vulgairement le *peuple français*, ne sont pas de vraies nationalités?

« Art. 1er. La souveraineté réside dans l'*universalité* des citoyens français... Aucune fraction du peuple ne peut s'en attribuer l'exercice. » — Je continue ma question. J'admets parfaitement que la partie ne doive pas gouverner le tout; mais pourquoi chaque partie ne se gouvernerait-elle pas elle-même? Est-ce que cela ferait tort à personne?

« Art. 10. *Tous* les citoyens sont également admissibles à
» *tous* les emplois publics. » — Je suis pour l'égalité devant la loi et devant les emplois. Mais une distinction est ici nécessaire : de même qu'il y a des fonctions GÉNÉRALES, auxquelles tous sont admissibles, il y a des fonctions *locales*, auxquelles il semble que les habitants de chaque localité conviennent seuls.

« Art. 15. *Tout* impôt est établi pour l'utilité *commune*.
— Quoi! l'impôt établi en Bretagne est établi pour la Savoie, celui établi dans les Pyrénées pour la Flandre, et réciproquement! Passe pour ce qui concerne les dépenses générales; mais pour les dépenses départementales? Quelle est donc cette fièvre d'universalisation? A quoi sert-elle? Est-ce qu'un contrat d'assurance, en cas de malheur, ne suffirait pas?

d'une manière si subtile dans le droit public de chaque État; elle s'y est montrée si naturelle;

« Art. 18. Tous les pouvoirs publics, quels qu'ils soient, » émanent du peuple. » — Même observation à faire que plus haut, art. 1 et 10. Du reste, imitation flagrante de la formule monarchique : *Toute justice émane du roi.*

« Art. 19. La séparation des pouvoirs est la première con» dition d'un gouvernement libre. » — Ajoutez, et probe. Mais ce n'est pas tout de séparer les pouvoirs selon leurs espèces; il s'agit ici de l'autorité du gouvernement, de l'administration, de la justice, de la police, etc. Qui empêche que tout cela ne soit distribué de manière que chaque localité en ait sa part? La démocratie est essentiellement partageuse; la monarchie seule aime l'indivision. Nos constituants n'y ont pas pris garde.

« Art. 20. Le peuple français délègue le pouvoir législatif à » *une* assemblée *unique.* » — Encore l'unité! Quoi! deux chambres n'étaient pas assez unitaires!

« Art. 43 Le peuple français délègue le pouvoir exécutif à » *un* citoyen, qui reçoit le titre de Président. » — Toujours l'unité!

« Art. 23. L'élection des représentants a pour base la *popu-* » *lation.* » — Cela ne suffit pas : il eût fallu tenir compte, dans la représentation nationale, des capitaux, de l'industrie, des agglomérations de population, etc. Napoléon Ier l'avait très-bien compris; son acte additionnel était, sous ce rapport, plus républicain que la constitution de 1848.

« Art. 30. L'élection se fera *par département* et *par scrutin* » *de liste.* » — Confusion électorale dans un but d'absorption manifeste. Ce n'est pas de la république; c'est de la monarchie.

« Art. 34. Les membres de l'assemblée nationale sont les » *représentants*, non du département qui les nomme, mais *de*

pour mieux surprendre l'opinion et tromper la critique, elle a su s'entourer de tant de fausses

» *la France entière.* »— Faux principe, mal à propos renouvelé de 93; ils sont les représentants de ceux qui les nomment, et votre fiction d'unité n'y fera rien. Cela ne peut être autrement.

« Art. 35. Ils ne peuvent recevoir de *mandat impératif.* » — Sans doute, s'ils sont les députée de la France entière, ce qui veut dire de personne. Mais c'est autre chose, si, comme le veulent la pratique et le bon sens, ils sont les députés de leurs électeurs. Alors si le mandat électoral ne peut pas être imperatif pour le tout, il peut fort bien l'être pour une partie. Cela se voit tous les jours.

« Art. 36. Ils sont *inviolables.* » — C'est-à-dire qu'ils sont supérieurs à leurs commettants, ce qui est absurde.

« Art. 46. Le Président est nommé par le suffrage *univer-* » *sel* et *direct.* » — S'il avait été nommé par l'assemblée, il n'eût été qu'un simple fonctionnaire; élu par le suffrage universel et direct de 40 millions d'hommes, c'est un roi, et l'événement vous le prouvera.

« Art. 64. Le Président nomme et révoque... *tous* les ma- » gistrats et fonctionnaires de la République. »—C'est irrationnel; mais c'est monarchique. L'art. 65 va encore plus loin : « Le Président de la République a le droit de suspendre et » révoquer les agents d'administration *élus par les citoyens.* » Autant valait dire que les municipalités étaient des succursales de la préfecture. De quel droit, je le demande, les ex-républicains de 1848 accusent-ils aujourd'hui la centralisation impériale?

« Art. 71 et suiv. Il y a un conseil d'État, dont le Président » de la République est de droit président. Ce conseil d'État est » chargé de préparer, réglementer et contrôler *toutes* les af- » faires de la République. » — Ainsi tout est soigneusement

réserves, de garanties apparentes, de concessions illusoires, de contre-poids sans action, que nous ne pouvons nous dispenser de lui consacrer en-

ramené à l'*unité*; par le législatif, — par l'exécutif, — par la nomination à tous les emplois, — par la suspension et la révocation des agents municipaux élus par les citoyens, — par la réglementation, — par le contrôle.

« Art. 77. Il y a dans chaque département une préfecture;

» Dans chaque arrondissement une sous-préfecture;

» Dans chaque canton une administration cantonale;

» Dans chaque commune un conseil municipal. » — Admirez cette savante hiérarchie! On parlait autrefois de libertés municipales. La constitution de 1848 ne fait qu'un bloc des préfectures, sous-préfectures et municipalités, qu'elle confond dans la même catégorie, réservant toutefois de s'expliquer plus tard sur le mode de nomination des maires et adjoints. Cette question a été tranchée plus tard par le gouvernement impérial, dans le sens prévu, on peut le dire, par la constitution républicaine. C'est ainsi, du reste, que la constitution de 1793 avait compris la chose, ce qui facilita singulièrement en 1799, 1802 et 1804, l'organisation du régime autocratique par Napoléon.

« Art. 81. La justice est rendue *au nom du peuple.* » Formule mystique, qui signifie que les magistrats chargés de rendre la justice, et qui, n'étant plus les organes du droit divin, sont censés être les interprètes de la conscience de leurs concitoyens, choisis par eux, responsables devant eux, sont au contraire indépendants de leurs justiciables, étrangers à la localité où ils siégent, nommés par le Président de la République, salariés par le pouvoir central, enfin inamovibles. Était-ce la peine de renier le droit divin?

« Art. 91. Il y a une *haute cour* de justice. » — Ni plus ni

core un chapitre, que nous aurons soin de rendre le plus court et le moins fatigant qu'il nous sera possible.

moins que sous le premier Empire, et comme si les tribunaux ordinaires n'étaient pas déjà assez élevés au-dessus de nous, déplorables républicains que nous sommes!

« Art. 104. La force publique est essentiellement obéis- » sante. » — L'article 50 porte, d'autre part, que le Président de la République commande la force armée. En sorte que, le 2 décembre 1851, ni les gardes nationaux, gradés ou non gradés, à Paris et dans aucune ville; ni les militaires de l'armée de ligne, n'avaient le droit, comme tels, d'invoquer contre le coup d'État l'article 110, qui porte expressément :

« La constitution est confiée à la garde et au patriotisme de » tous les Français. »

Si leur conscience de citoyens se trouvait en désaccord avec le devoir d'obéissance au Président, leur chef immédiat, ils ne pouvaient pas faire résistance. Leur devoir était d'abord d'obeir; puis, après avoir quitte leurs uniformes et déposé leurs armes, de signer paisiblement dans leurs mairies et casernes une protestation respectueuse, s'ils en avaient le temps.

Voilà dans quel esprit a été conçue la constitution de 1848, et je n'en ai cité qu'un échantillon; voilà le monument du génie républicain en France, au XIXe siècle. Il en a coûté cent journées au moins de méditations profondes et de mûres délibérations à neuf cents élus de la démocratie, soit, en numéraire, une somme de 2,250,000 fr., sans compter les frais de bureaux, buvette, éclairage, chauffage; sans parler de l'impatience du pays, de la baisse des valeurs, de la stagnation des affaires, etc., etc., etc.

CHAPITRE VI

CRITIQUE GÉNÉRALE DES CONSTITUTIONS

Comment, par l'exorbitance de l'unitarisme, l'équilibre politique est rompu, l'État et la société livrés à l'antagonisme. —Examen des moyens proposés pour le rétablissement de cet équilibre : révision ou perfectionnement des constitutions; souveraineté collective, division des pouvoirs, organisation municipale. Vanité de tous ces palliatifs.

Rappelons-nous d'abord que toutes les constitutions, différentes de ton et de couleur, sont au fond identiques : ceci résulte déjà pour nous de la sériation que nous en avons faite ; la suite nous le démontrera de plus en plus. L'unité surtout est ce dont les partisans de chaque système se montrent le plus jaloux. Ils n'ont pas tort : malheureusement, il est impossible de méconnaître plus qu'ils ne font un principe.

« Le pouvoir est un, indivisible, universel,

absolu, » dit l'autocratie. Passe encore, s'il ne s'agissait que de la prérogative du monarque, représentant du groupe politique. De même que l'autorité paternelle n'est nullement à craindre, de sa nature, dans la famille, qu'elle est au contraire protectrice, bienfaisante, dévouée; — de même l'autorité royale, dans l'État, peut parfaitement être présumée bonne et utile autant que rationnelle, puisqu'elle a pour base l'unité. Mais le dynaste veut bien autre chose : pour lui, le groupe politique auquel il commande n'a pas de bornes ; il entend régner sur des millions d'âmes et des milliers de lieues carrées, de la même manière qu'il règne sur le clan ou la cité dont il est le chef héréditaire : prétention aussi funeste qu'elle est injurieuse et absurde. Là est le principe de la tyrannie monarchique, la plus vieille de toutes.

« La République est une et indivisible, » disent à leur tour les démocrates. En quoi ils ne se trompent point, quelque sens qu'on donne au mot république, association de citoyens, voire même de villes, ou gouvernement. Toute république divisée périra : cela est sûr et certain, et il y a là de quoi justifier, jusqu'à certain point, le culte des républicains pour l'unité et leur horreur de la division. Mais eux-mêmes tombent dans l'erreur et la tyrannie du despote, lorsqu'ils se refusent à comprendre que, comme les citoyens sont tous égaux devant la loi et dans les comices électoraux, toutes les cités sont égales à leur tour dans la souveraineté et le gouvernement, comme il convient à des personnes morales ou individualités collectives, et qu'en conséquence ils aspirent à soumettre tous les groupes à une autorité, à une administration unique. Là est le principe de la tyrannie républicaine ou démocratique, la plus violente, et, pour cette raison, la plus passagère.

« La souveraineté est une et indivisible, re-
» prend le juste-milieu ; mais elle est exercée
» collectivement par le Roi (ou l'Empereur), la
» Chambre des Pairs (ou Sénat), et la Chambre
» des députés. » Mais qu'importe cette collectivité du gouvernement, si, dans un État aussi grand que la France, par exemple, ou seulement

la Belgique, les cités restent dans l'indivision ; si toutes les parties du corps social sont, autant que possible, soumises à la même autorité, à la même législation, à la même justice, à la même administration, à la même surveillance, à la même université, etc ? En quoi cette prétendue conciliation du principe monarchique, de l'intérêt bourgeois et de l'élément démocratique ou républicain, est-elle vraie, en quoi peut-elle être utile ?

On voit de plus en plus que toute la différence entre les constitutions provient de ce que, dans l'une, le point central du gouvernement est un homme ; dans une autre, c'est une assemblée ; dans une troisième, ce seront deux assemblées conjointement avec un roi. L'idéal démocratique serait que la multitude gouvernée fût en même temps multitude gouvernante ; que la société fût identique et adéquate à l'État, le peuple au gouvernement, comme en économie politique producteurs et consommateurs sont les mêmes. Assurément, je ne nie pas que ces différences d'organisation gouvernementale, selon les circonstances, et au point de vue du gouvernement proprement dit, n'aient chacune leur valeur propre : si l'étendue de l'État ne devait jamais dépasser celle d'une cité ou commune, je laisserais chacun en juger à sa guise, et tout serait dit. Mais n'oublions pas qu'il s'agit de vastes agglomérations de territoires, où les villes, bourgs et hameaux se comptent par milliers, et que nos hommes d'État de toute école ont la prétention de gouverner ou régir selon les lois du patriarcat, de la conquête et de la propriété, ce que je déclare, en vertu de la loi même d'unité, absolument impossible.

J'insiste sur cette observation, qui, en politique, est capitale.

Toutes les fois que des hommes, suivis de leurs femmes et de leurs enfants, se rassemblent en un lieu, joignent leurs habitations et leurs cultures, développent dans leur sein des industries diverses, créent entre eux des relations de voisinage, et bon gré mal gré s'imposent des conditions de solidarité, ils forment ce que j'appelle un groupe naturel, qui bientôt se constitue en cité ou organisme politique, s'affirmant dans son unité, son indépendance, sa vie ou son mouvement propre (*Autokinésis*), et son autonomie.

Des groupes semblables, à distance les uns des autres, peuvent avoir des intérêts communs; et l'on conçoit qu'ils s'entendent, s'associent, et, par cette mutuelle assurance, forment un groupe supérieur ; mais jamais qu'en s'unissant pour la garantie de leurs intérêts et le développement de leur richesse, ils aillent jusqu'à s'abdiquer par une sorte d'immolation d'eux-mêmes devant ce nouveau Moloch. Un semblable sacrifice est impossible à accomplir. Tous ces groupes sont, quoi qu'ils pensent d'eux-mêmes, et quoi qu'ils fassent, des cités, c'est-à-dire des organismes indestructibles; entre lesquelles il peut fort bien exister un nouveau lien de droit, un contrat de mutualité, mais qui ne peuvent [pas] plus se dépouiller de leur indépendance souveraine, que le membre de la cité ne peut, par la qualité de citoyen, perdre ses prérogatives d'homme libre, de producteur et de propriétaire. Tout ce que l'on obtiendrait, par une semblable entreprise, serait de créer un antagonisme irréconciliable entre la souveraineté générale et chacune des souverainetés particulières ; d'élever autorité contre autorité ; en un mot, tandis que l'on s'imagine développer l'unité, d'organiser la division.

Or, quand vous modifieriez tous les six mois votre constitution générale ; quand vous multiplieriez à l'infini les variations de votre système politique, le principe d'absorption unitaire ne changeant pas, les cités ou groupes naturels étant toujours condamnés à s'effacer au sein de l'agglomération supérieure, qu'on peut appeler artificielle, puisqu'elle n'a rien en soi de nécessaire, et que par son but avoué elle est le produit d'une erreur et tend à l'impossible, la centralisation enfin demeurant la loi première de l'État, l'arcane du gouvernement, la société, au lieu de marcher, tournera sur elle-même, elle demeurera révolutionnaire, et pour peu que la situation s'aggrave, elle s'avancera d'un pas rapide vers sa décadence et sa ruine.

Nos législateurs et faiseurs de constitutions,

depuis 1789, ont eu le sentiment de ce péril. Ils ont reconnu, mais sans jamais en comprendre la cause, l'instabilité de leurs systèmes : aussi ont-ils posé en principe la *perfectibilité* de leurs constitutions. L'ancien régime, ou droit divin, n'avait eu garde de soupçonner cette perfectibilité ; à ses yeux, la fixité des institutions était le sceau de leur perfection, j'ai presque dit de la divinité de leur origine. En quoi l'ancien régime n'avait qu'à moitié raison, de même que les théoriciens de 89, avec leur perfectibilité constitutionnelle, n'étaient qu'à moitié dans l'erreur. Les peuples, avons-nous dit, sont emportés dans un cercle gouvernemental, que l'on peut regarder comme une phase préparatoire : à ce point de vue, l'on peut dire que, dans la succession historique de nos constitutions, il y a une sorte de progrès. Mais la société ayant une fois trouvé son équilibre et vivant de sa vie normale, la constitution politique ne change plus, et sous ce rapport on ne peut plus dire qu'il y a progrès. La perpétuité du mouvement exclut une pareille notion.

Au surplus, chacun peut voir de quelle piètre ressource a été pour la France, depuis 89, cette prétendue perfectibilité constitutionnelle. Nos gouvernements n'ont valu que par la confiance que le pays leur a accordée, et un peu aussi par l'attrait de la nouveauté, qui provoque toujours l'espérance : l'expérience une fois faite, et la confiance usée, les dynasties sont tombées, sans que l'on ait daigné proposer le moindre amendement. Citons en preuve le Consulat, les premières années de la Restauration et de Louis-Philippe. Qui songe sérieusement aujourd'hui à perfectionner la constitution de 1852? Elle restera ce qu'elle est, ou elle sera remplacée par une autre, dont j'espère que les auteurs n'auront pas la présomption d'annoncer la perpétuité de leur œuvre, sous prétexte de perfectibilité et de progrès. Après le succès, les constitutions de 1791, 1795, 1848 et 1852, qui toutes avaient prévu et réglé d'avance leur propre révision, il serait puéril de répéter que *la constitution est perfectible.*

Le vice du système politique, vice qu'on peut

appeler constitutionnel, consiste dans cette condition faite au pouvoir, que les provinces et cités dont se compose l'État, et qui toutes, comme groupes naturels, doivent jouir de leur pleine et entière autonomie, seront au contraire gouvernées et administrées, non plus par elles-mêmes, et comme il convient à des villes et à des provinces associées, mais par une autorité centrale, et comme populations conquises. Or, tant qu'une semblable condition sera maintenue, qu'importe, je le répète, la forme du gouvernement? Et comment imaginer que les libertés publiques, sacrifiées de la sorte, trouvent un remède dans le perfectionnement de la constitution? Cela est dépourvu de sens.

Pour amoindrir la rigueur de cette concentration léthifère, on a imaginé, outre le perfectionnement légal de la constitution, de rendre le gouvernement collectif. J'ai cité tout à l'heure l'article de la charte : « La souveraineté, une et » indivisible, est exercée collectivement par le » roi, la chambre des pairs et la chambre des » députés. » Le roi est le représentant de l'unité, de la puissance centrale et de la communauté des intérêts. Les pairs sont des personnages notables, dont la plupart sont sortis des départements. Les députés sont élus par les départements, proportionnellement à leur population. Chaque ville, chaque province a ainsi, dans les chambres, ses représentants naturels. Le pouvoir exécutif est confié à des ministres, venus la plupart, sinon tous, des départements, et qui doivent être appuyés par la majorité des chambres. Enfin, tous les Français ont le droit de critiquer le gouvernement; et tous sont également admissibles aux emplois. Que de garanties, n'est-il pas vrai? et de quelle confiance la nation a dû se sentir pénétrée, lorsque le roi Louis XVIII vint lui proposer cette charte! On oublia l'invasion, l'étranger présent dans les villes, et tous les malheurs des dernières guerres.

Triste illusion! Considérez, lecteur, je vous en supplie, d'abord, que si la souveraineté est exercée en nom collectif, elle n'en est pas moins, par elle-même, une et indivisible, que son action est essentiellement unitaire, qu'elle s'étend sur la totalité du pays et l'absorbe, qu'elle ne peut rien laisser en dehors d'elle, sans contredire son principe, sans aller contre son but, sans s'exposer à périr; — en second lieu, qu'en rendant cette souveraineté collective, vous n'avez fait autre chose que créer des rivalités, des oppositions, des antagonismes. Que de peines pour trouver dans une majorité sept ou huit hommes capables de remplir les fonctions ministérielles, qui s'entendent entre eux, qui agréent à la couronne, qui soient également bien accueillis dans les deux chambres ! Que de sacrifices mutuels sont indispensables, et cela toujours, bien entendu, au profit de l'unité, aux dépens des localités particulières ! Quelle fatigue dans le parlement ! que d'intrigues ! quelle position que celle faite au prince !... On a vu, sous la monarchie de juillet, le jour où Louis-Philippe ne pouvait plus former de ministère; on l'a vu devenir suspect à toutes les fractions de la chambre, impopulaire dans la la capitale et dans les départements. Cette collectivité du pouvoir n'est donc qu'un euphémisme, servant à déguiser la dissolution fatale à laquelle sont en proie tous les gouvernements, quelque titre qu'ils se donnent et quelque forme qu'ils affectent. Pour maintenir sa prérogative et combattre une dissolution toujours imminente, chaque participant de la souveraineté s'efforcera donc d'attirer à soi l'intégralité du pouvoir : le roi travaillera sous main à s'assurer la majorité des chambres ; le ministère voudra être plus que le roi ; l'opposition dénoncera la camarilla ; bref, le pays aura, dans cette collectivité sainte, le spectacle de la discorde. Pour moi, je ne le dissimule pas : je trouve tout simple que, le principe d'un gouvernement centralisateur étant donné, l'auteur du 2 décembre se soit subordonné le Sénat et les Chambres ; le système n'est pas meilleur, comme on le sait de reste ; mais enfin il est plus logique ; et après les débats de 1830 à 1851, ce silence nous était dû. Quant au système de Sieyès, à la manière dont il prétendait éluder la difficulté, ce n'était qu'un leurre de métaphysicien, dans le but de ramener la monarchie parlementaire elle-même.

L'exercice collectif du pouvoir étant sans résultat utile, de plus illusoire, on a imaginé d'en faire le partage, sans toutefois porter atteinte au principe d'unité : voici comment. S'emparant du principe économique de la division du travail ou séparation des industries, le législateur a dit : Les pouvoirs seront séparés dans l'État ; les fonctions et emplois distribués d'après la même loi. Là est la condition d'un gouvernement libre. Autre sera en conséquence le pouvoir législatif, et autre le pouvoir exécutif ; autre l'administration, et autre la justice ; autre l'Église, et autre l'Université ; ainsi de suite, jusqu'au juge de paix qui ne sera pas le même que le juge de commerce, jusqu'au garde champêtre qui ne sera pas le même que celui des eaux et forêts.

Dieu me garde de réprouver un principe que j'ai vanté moi-même, et dont nul ne saurait méconnaître la puissance et la fécondité. Mais qui ne voit ici que le législateur, planant sur les hauteurs constitutionnelles, a perdu la terre de vue, et que du vague où se tenait sa pensée il est tombé dans la plus pitoyable des équivoques ?

La séparation des industries a lieu dans deux conditions différentes : ou bien les industries séparées sont indépendantes l'une de l'autre, et chaque entrepreneur reste maître absolu de ses opérations : ainsi le commissionnaire et le voiturier, bien que traitant ensemble, demeurent insolidaires et complétement libres ; ainsi le médecin et le pharmacien ; le boucher et le rôtisseur ; le boulanger et le marchand de farines, etc.

Est-ce là ce qui se passe dans le gouvernement ? Évidemment, non : la séparation des pouvoirs ainsi faite détruirait l'unité, non-seulement cette unité conquérante, qui tend à soumettre à une autorité particulière des groupes indépendants par nature, vivant de leur propre vie, et affirmant leur volonté ; mais cette unité rationnelle, qui, s'exerçant dans les justes bornes, exclut toute idée de partage. En deux mots, ce n'est pas seulement la centralisation impériale qni deviendrait impossible par une telle séparation de pouvoirs ; c'est toute espèce de gouvernement ; c'est la cité elle-même.

Ou bien la séparation industrielle, bornée aux différentes manipulations d'une même industrie, d'une seule entreprise, s'accomplit au sein de la manufacture, fabrique ou atelier ; voir les exemples qu'en ont donnés A. Smith pour la fabrication des épingles, et J.-B. Say pour celle des cartes. Dans ce cas, les fonctions séparées ne sont plus indépendantes, elles sont placées sous la direction supérieure du maître, au nom et pour le compte duquel les divers travaux s'exécutent. C'est ainsi que, dans nos gouvernements, les pouvoirs ont été organisés. Certainement l'ordre y gagne ; l'expédition des affaires est plus assurée ; sous tous les rapports, le système fonctionne avec plus d'avantages. Mais qu'est-ce que cela fait, encore une fois, pour la liberté des villes et des provinces, et par suite pour celle des citoyens eux-mêmes ? Qu'est-ce que cela fait pour la stabilité du gouvernement lui-même ? En quoi la concentration, l'absorption, est-elle diminuée ? En quoi l'antagonisme amoindri ? En quoi les divisions, les discordes sont-elles éteintes ? En quoi, finalement, le risque des révolutions est-il conjuré ?

Le principe de la séparation des pouvoirs, dans ce qu'il a de véritablement utile, est antérieur chez nous à la révolution de 89, qui n'a fait autre chose qu'en améliorer l'application : or, depuis et y compris la réforme de 89, nous avons eu dix ou douze changements de gouvernement. Le principe de la division des pouvoirs, pour le cas qui nous occupe, est donc de toute impuissance.

On a cherché un contre-poids à cette centralisation écrasante dans une *organisation municipale et départementale.* On en parlait beaucoup du temps de Louis-Philippe; on en parlait sous la Restauration; Napoléon Ier lui-même s'y intéressait, et l'on en reparle plus que jamais sous son héritier. Les partisans du juste-milieu, toujours les plus nombreux dans notre pays, sont ceux qui insistent sur ce point avec le plus de force. Il leur semble qu'en restituant à la commune une certaine initiative, on donnerait au pouvoir un équilibre stable; qu'on enlèverait à la centralisation ce qu'elle a d'atroce, surtout qu'on échapperait au fédéralisme, qui leur est aussi odieux aujourd'hui qu'il l'était, mais pour d'autres raisons, aux patriotes de 93. Ces sortes de gens admirent volontiers la liberté suisse et américaine; ils nous en régalent dans leurs livres; ils s'en servent pour nous faire honte de notre adoration du pouvoir; mais pour rien au monde ils ne consentiraient à toucher à cette belle unité qui fait, selon eux, notre gloire, et que les nations, disent-ils, nous envient. Du haut de leur impertinence académique, ils traitent d'exagérés et d'intempérants les écrivains qui, soucieux de la logique, fidèles aux pures notions du droit et de la liberté, demandent à s'affranchir une bonne fois du cercle vicieux doctrinaire. M. Édouard Laboulaye est un de ces génies ramollis, capables de connaître la vérité et de la montrer aux autres, mais pour qui la sagesse consiste à écourter les principes par des conciliations impossibles; qui veulent bien *limiter* l'État, mais à condition de limiter aussi la liberté; rogner les ongles au premier, pourvu que l'on coupe les ailes à la seconde; dont la raison, enfin, tremblant devant une forte et large synthèse, se plaît à barboter dans l'amphigouri. M. E. Laboulaye fait partie d'un groupe d'hommes qui, tout en revendiquant contre l'autocratie impériale les soi-disant garanties de juillet, se sont donné pour mission de refouler les aspirations du socialisme et du fédéralisme. C'est lui qui a écrit cette belle pensée, que j'ai eu d'abord la pensée de prendre pour épigraphe de cet ouvrage : « Quand la vie politique est concentrée dans une » tribune, le pays se coupe en deux, opposition » et gouvernement. » Eh bien, que M. Laboulaye et ses amis, si zélés en apparence pour les franchises municipales, daignent répondre à une question, à une seule.

La commune est par essence, comme l'homme, comme la famille, comme toute individualité ou collectivité intelligente et morale, un être souverain. En cette qualité, la commune a le droit de se gouverner elle-même, de s'administrer, de s'imposer des taxes, de disposer de ses propriétés et de ses revenus, de créer pour sa jeunesse des écoles, d'y nommer des professeurs, de faire sa police, d'avoir sa gendarmerie et sa garde civique; de nommer ses juges; d'avoir ses journaux, ses réunions, ses sociétés particulières, ses entrepôts, sa mercuriale, sa banque, etc. La commune prend des arrêtés, rend des ordonnances : qui empêche qu'elle n'aille jusqu'à se donner des lois ? Elle a son église, son culte, son clergé, librement élu; elle discute publiquement, en conseil municipal, dans ses journaux ou ses cercles, tout ce qui se passe en elle et autour d'elle, qui touche à ses intérêts ou excite son opinion. Voilà ce qu'est une commune; car voilà ce qu'est la vie collective, la vie politique. Or la vie est une, entière, pleine d'action, et cette action est universelle; elle repousse toute entrave, elle ne connaît de limite qu'elle-même; toute coercition du dehors lui est antipathique et mortelle. Que M. Laboulaye et ses coreligionnaires politiques nous disent donc comment ils entendent accorder cette vie communale avec leurs réserves unitaires; comment ils éviteront les conflits; comment ils pensent maintenir côte à côte la franchise locale avec la prérogative centrale, restreindre celle-ci et arrêter celle-là, affirmer à la fois, dans le même système, l'indépendance des parties et l'autorité du tout. Qu'ils s'expliquent afin qu'on les connaisse et qu'on les juge.

Point de milieu : la commune sera souveraine ou succursale, tout ou rien. Faites-lui la part aussi belle que vous voudrez : dès l'instant qu'elle ne relève plus de son droit propre, qu'elle reconnaît une loi plus haute ; que le grand groupe qui a nom la république, la monarchie ou l'empire, dont elle fait partie, est déclaré son supérieur, non l'expression de ses rapports fédéraux, il est inévitable qu'un jour ou l'autre elle se trouve en contradiction avec lui, que le conflit s'élève. Or, dès qu'il y aura conflit, la logique et la force veulent que ce soit le pouvoir central qui l'emporte, et cela sans discussion, sans jugement, sans transaction, le débat entre le supérieur et le subalterne étant inadmissible, scandaleux, absurde. Donc nous reviendrons toujours, après une période d'agitation doctrinaire et démocratique, à la négation de *l'esprit de clocher*, à l'absorption par le centre, à l'autocratie. L'idée d'une *limitation* de l'État, là où règne le principe d'une centralisation des groupes, est donc une inconséquence, pour ne pas dire une absurdité. Il n'y a d'autre limite à l'État, que celle qu'il s'impose de lui-même en abandonnant à l'initiative municipale et individuelle certaines choses dont provisoirement il ne se soucie point. Mais, son action étant illimitée, il peut arriver qu'il veuille l'étendre sur les choses qu'il avait d'abord dédaignées ; et comme il est le plus fort, comme il ne parle, n'agit jamais qu'au nom de l'intérêt public, non-seulement il obtiendra ce qu'il demande ; devant l'opinion et les tribunaux, il aura encore raison.

Puisqu'on se dit libéral, et qu'on est si osé que de parler des limites de l'État, tout en réservant sa suzeraineté, que l'on dise encore quelle sera la limite de la liberté individuelle, corporative, régionale, sociétaire, la limite de toutes les libertés. Que l'on nous explique, puisqu'on se croit philosophe, ce que c'est qu'une liberté limitée, primée, subordonnée, gardée à vue ; une liberté à qui l'on a dit, en lui passant la chaîne et l'attachant au piquet : Tu iras jusque-là, tu n'iras pas plus loin.

Comme dernier moyen de balancer et de contenir l'autorité centrale, et de protéger contre ses empiètements les libertés publiques, on a organisé le suffrage universel et direct. Nous en parlerons plus bas, et nous terminerons ici la critique générale des Constitutions.

CHAPITRE VII

CRITIQUE DE LA CONSTITUTION DE 1804, AUTOCRATIQUE

Que la centralisation, en méconnaissant la souveraineté des groupes, se réduit à une fiction, qui ne subsiste momentanément que par la complicité des groupes eux-mêmes. — Du principe dynastique dans les constitutions modernes. Définition de la *tyrannie*.

Si le lecteur a suivi la discussion qui précède, chap. V et VI, il a dû voir, mais voir d'une vue immédiate et nette, sans nul effort ni contention d'esprit, que la centralisation, par son exorbitance, aspirant à retenir dans l'indivision des groupes que la nature des choses a faits souverains, et à gouverner des cités associées comme des cités conquises, viole le principe dont elle prétend se prévaloir, à savoir le principe d'unité politique ; que dès lors il y a antagonisme entre la direction centrale et les autonomies locales ; que la conséquence de cet antagonisme est de fausser le but du gouvernement, désormais appliqué tout entier à asseoir et à développer sa prépondérance ; et que dans cette lutte fatale, l'opinion publique étant prévenue en faveur de la centralisation, l'autorité supérieure sera toujours victorieuse des libertés, mais à la condition de payer ses triomphes par des révolutions périodiques.-En effet, la même oppression revenant avec chaque forme de gouvernement, l'instinct des masses les pousse, après un temps de souffrance, à changer de régime, ce qui, la centralisation donnée, n'aboutit qu'à faire tourner le pays dans un cercle d'hypothèses aussi fausses les unes que les autres, et constamment suivies des mêmes déceptions. La forme change, la tyrannie est immuable.

Cependant, en dépit de la logique et de l'expérience, certaines de ces hypothèses, je devrais dire toutes, conservent, en nombre plus ou moins considérable, selon les époques, leurs partisans. Bien des gens sont convaincus que si la république, par exemple, — ils confondent la république avec la démocratie, — était pratiquée de bonne foi, elle ferait la joie de la nation et ferait décidément renoncer à la monarchie. Mais, observent-ils avec tristesse, nous ne sommes pas assez *vertueux* pour être républicains !.... D'autres, en majorité aujourd'hui, si je ne me trompe, donnent la préférence à cette monarchie tempérée, modérée, conservatrice, conciliante, qui seule, à les entendre, sait faire part égale à la liberté et à l'autorité, vivre avec l'opposition comme avec les ministériels, et dont la gloire sera de mériter toujours le sobriquet, qu'on lui a décerné, de *Juste-milieu*. Il en est enfin qui se prononcent décidément pour un gouvernement personnel et fort, et pour qui le mariage du césarisme et de la plèbe est l'idéal de la société politique.

Ce sont ces préjugés opiniâtres, que ni l'insuccès ni la contradiction n'ébranlent, que nous avons à vaincre ; et nous y parviendrons, je l'espère, en concentrant de plus en plus les rayons de notre critique sur le point qui les préoccupe tous, la centralisation. Puisque c'est chose acquise que dans l'évolution gouvernementale tous les systèmes sont, au fond, équivalents ; que leur grande affaire est la centralisation, qu'ils ne diffèrent les uns des autres que par la constitution, ou, comme parlent les astronomes, par l'équation du centre, c'est sur ce centre qu'il convient désormais de faire porter tout le débat. Il suffit, pour atteindre le but, d'examiner tour à tour, à ce point de vue, les quatre termes de la série ou cycle constitutionnel, que nous avons appelés *extrêmes* et *moyens*.

Je dis donc que, quelle que soit la constitution du centre politique, en autres termes, du pouvoir central, dans un État composé de plusieurs souverainetés ou groupes naturels de population ; qu'on le représente par un empereur, un roi, un directoire, une assemblée, ou par toutes ces choses ensemble ; qu'on le rende absolu ou responsable ; qu'on le soumette à un contrôle régulier ou qu'on l'en affranchisse ; qu'on le limite dans ses attributions ou qu'on lui accorde une puissance illimitée : ce centre, cheville ouvrière du système, sera toujours plus ou moins une fiction constitutionnelle, jamais une réalité complète, et cela par cette considération, prise dans la nature même des choses, que tout organisme qui dépasse ses justes bornes, et qui tend à envahir ou s'annexer d'autres organismes, perd en puissance ce qu'il gagne en étendue, et tend à la dissolution. Je dis qu'un gouvernement ainsi constitué, forcé de se produire partout, de prendre successivement toutes les figures, d'être un peu tout le monde, ne peut plus se dire indivisible, et que, sous ce rapport, il manque à la loi essentielle du pouvoir; qu'ainsi, mis en contradiction perpétuelle avec lui-même, il finira par s'énerver par son propre absolutisme, et s'abîmer dans l'anarchie. C'est ce qui est arrivé à l'ancienne monarchie française, harcelée, depuis la mort de Louis XIV, par les éléments antagoniques dont se composait la nation, et obligée, en désespoir de salut, de résigner ses pouvoirs en convoquant les États-généraux.

Prouvons d'abord que même sous le régime autocratique, avec la personnalité du prince et l'hérédité dynastique, la centralisation est une chimère.

De toutes nos constitutions, la plus logique, au point de vue de la concentration du pouvoir et de l'absorption des forces de l'État, est certainement celle de 1804. En réalité, cette constitution n'en est même pas une, puisqu'elle consiste à prendre un homme pour centre, à mettre cet homme à la place de la nation, de ses provinces, de ses races, de ses cités, cachées derrière le manteau impérial. Par la création du premier empire, la France cessa, officiellement, de former un système; elle ne fut plus régie que par des *sénatus-consultes*, dictés par l'Empereur, et dont le premier et le plus important fut appelé *sénatus-consulte organique*. Il faut voir en quoi consistait cet organisme. Jamais despotisme ne montra autant de folie et d'insolence. Que certaines choses se fassent, on peut, jusqu'à certain point, le tolérer, l'excuser; mais qu'elles s'écrivent, ce sera la honte éternelle d'une nation de l'avoir souffert.

TITRE PREMIER. Art 1er. — Le gouvernement de

la République est confié à un empereur, qui prend le titre d'*empereur des Français*.

La justice se rend, au nom de l'empereur, par les officiers qu'il institue.

Art. 2. — Napoléon BONAPARTE, premier consul actuel de la République, est empereur des Français.

Tout le système napoléonien est dans ce titre Ier. Le reste n'est plus qu'une vaine nomenclature, avec des détails d'étiquette. Remarquez cette dérivation de la justice, puis l'accouplement de ces deux termes, la *République*, lisez la *démocratie*, et l'*empereur*. C'est monstrueux, mais c'est logique. Toute la société, l'État, le gouvernement, les citoyens, les producteurs, l'Église elle-même, est dans la justice. Or la justice, d'après la théorie qui substitue la souveraineté du peuple à la souveraineté du roi, émane de la démocratie; la démocratie, d'après le sénatus-consulte du 28 floréal, et le vote qui l'a sanctionné, s'est incarnée dans son empereur ; donc cet empereur est tout, et la justice se rend en son nom. Voilà le pacte.

TITRE II. — *De l'hérédité impériale.*

TITRE III. — *De la famille impériale.*

TITRE IV. — *De la régence.*

TITRE V. — *Des grandes dignités de l'empire.*

Les grands dignitaires de l'empire sont : le grand électeur, l'archi-chancelier, l'archi-trésorier, le connétable, le grand amiral. (Suit le détail de leurs fonctions, qui sont presque toutes de pure étiquette.)

TITRE VI. — *Des grands officiers de l'empire.* Énumération comme la précédente. Elle ne nous intéresse plus.

TITRE VII. — *Des serments.* Énumération des fonctionnaires astreints au serment, et formule dudit.

TITRE VIII. — *Du sénat.* Énumération des personnages qui le composent; attributions fantastiques.

TITRE IX. — *Du conseil d'État.* Bureau d'affaires, divisé en six sections, entièrement subordonné.

TITRE X. — *Du Corps législatif.* Règlement intérieur : puis, plus rien. Initiative nulle, discussion nulle, publicité nulle, contrôle nul. Le Corps législatif vote l'impôt : comment s'en défendrait-il ?

Titre XI. — *Du Tribunat*. Aboli en 1807, comme un rouage inutile. L'empereur aurait pu en faire autant du Sénat, du Corps législatif, et de tout le reste. Il n'avait besoin de personne, pas même de sa propre dynastie ; il ne lui fallait que des commis. Mais il tenait à une hiérarchie.

Titre XII. — *Des colléges électoraux*. Système de 1802, à quatre et même cinq degrés. Conditions censitaires ; les maires, adjoints, juges de paix, présidents de collége, à la nomination de l'empereur. (Voir au chapitre suivant.)

Titre XIII. — *De la haute cour impériale*. Justice d'exception : elle est indispensable dans un état autocratique et hiérarchique.

Titre XIV. — *De l'ordre judiciaire*. Détails de terminologie.

Titre XV. — *De la promulgation*.

Le tout voté par 3,521,675 suffrages, contre 2,679. On a accusé Napoléon d'avoir, par son ambition et ses guerres, causé la mort de deux millions d'hommes. Si ces deux millions d'occis avaient été pris sur les 3,521,675 qui votèrent l'empire, ce n'aurait été que justice, et j'adorerais la Providence. Mais la plupart se rallièrent aux Bourbons et à la Charte, et c'est ce qui me désoriente.

Certes, il serait difficile de simplifier et centraliser davantage; de mieux étrangler, au profit d'une souveraineté autocratique, les libertés d'une grande nation. Napoléon est le centralisateur par excellence : il rétablit la noblesse, non point comme institution, classe supérieure de la société, mais pour lui-même, comme instrument de pouvoir ; il annihile, par son tamisage électoral, la démocratie tout en lui demandant ses suffrages; il défie le contrôle de la représentation bourgeoise, tout en lui soumettant son budget ; il éteint dans les villes et les campagnes la vie politique; transforme en hiérarchie l'opposition naturelle des éléments dont le jeu anime la civilisation et assure le progrès ; enfin, pour s'affranchir de ses associés de Brumaire, complices de son usurpation, devenus sous lui sénateurs, ministres, grands dignitaires, etc., il rétablit en sa personne le droit dynastique; il se proclame empereur, source de tout droit; il se fait sacrer par le Pape, sans daigner dans sa Constitution dire un mot de l'Église, que bientôt il poussera au schisme, et se pose décidément en demi-dieu.

La Constitution de l'an XII peut être considérée comme la perfection du système centralisateur : nous venons de voir comment, avec une logique qu'aucun respect humain n'intimide, ce système se concrète et se personnifie dans un seul homme.

Eh bien ! que répondent à tout cela la raison et l'expérience ? Trois choses, qui mettent le système à néant et couvrent de confusion l'usurpateur.

La première, que toute cette autocratie n'existe qu'en figures, attendu que le gouvernement d'un grand État implique une multiplicité d'intérêts et de volontés dont l'autocrate ne peut être tout au plus que le représentant, en supposant que ces volontés consentent à n'exister et agir que par représentation.

La seconde, que, dès que l'autocrate, représentant de tant de volontés divergentes, qui le subissent beaucoup plus qu'elles ne l'appellent, ne les satisfera plus ou leur deviendra contraire, il peut s'attendre à les voir s'insurger contre lui, et attenter même à sa personne.

La troisième, que, si l'élément monarchique, toujours disposé à la conquête, antipathique à toute indépendance, est celui qui s'accommode le plus volontiers de la centralisation, qui même la recherche et s'en fait gloire, il est aussi, et pour la même raison, le plus inconciliable avec la pluralité des autonomies locales, dont on peut dire que le loyalisme finit où leur intérêt commence, et où leur volonté trouve à s'exerçer.

La monarchie, expression et symbole de l'unité politique, peut avoir sa place dans la cité, groupe naturel, qui vit de sa vie propre ; qui, produisant de ses entrailles son gouvernement, comme la mère produit son enfant, lui infuse dès le berceau sa pensée, se reconnaît et se complaît dans sa créature, qu'elle la nomme maire, bourgmestre, roi, pères-conscrits, ou conseil municipal. Mais ce même prince, ou pouvoir exécutif, roi de naissance dans son pays, ne conserve pas le même caractère d'autorité et de légitimité aux yeux des annexes, dont les volontés particulières se montreront toujours, quoi qu'on fasse, plus ou moins réfractaires au commandement de la métropole.

En deux mots, la monarchie suit dans tous ses mouvements la centralisation ; leur destinée est commune; l'intensité de la première mesure la puissance de la seconde. De là, dans les États constitutionnels modernes, les précautions prises, non point tant contre le pouvoir central que contre la royauté même; de là, ces limites imposées à la prérogative de la couronne, limites qui n'ont d'autre effet que de surexciter le principe monarchique, et de le précipiter tantôt vers l'absolutisme, tantôt dans la démagogie.

Les faits confirment ces déclarations du sens commun. La Constitution de 1804 témoigne la première contre les prétentions de son auteur. Pourquoi ce sénat, si obéissant, si avili, transformé en une retraite lucrative et honorifique, mais sans attributions, sans indépendance, sans autorité, si ce n'est pour couvrir d'une apparence de délibération et de collectivité le caprice individuel du maître? Pourquoi ce Corps législatif, simple chambre d'enregistrement, élu par le sénat, sur une liste présentée par les départements après trois degrés d'élection, et renouvelable par cinquième tous les ans, si ce n'est pour conserver entre l'empereur et les départements une apparence de communion? — Pourquoi, dis-je, toutes ces hypocrisies, ces roueries constitutionnelles, si ce n'est afin de masquer des volontés qu'il est impossible de détruire?

L'empereur, croyant réduire l'Angleterre, imagine le *blocus continental* : aussitôt la contrebande s'organise sur une vaste échelle ; les villes maritimes, qui voient leur commerce anéanti, jettent les hauts cris. Que fait l'empereur? Il vend, à prix d'argent, des autorisations de faire le commerce des denrées coloniales, dont il devient ainsi le monopoleur. L'ancien pacte de famine n'était pas autre chose : il lui manquait seulement la formalité du décret impérial.

Pour avoir raison du souverain pontife, Napoléon convoque un concile, dit constitutionnel, et formé naturellement de prélats, gallicans sincères, tous dévoués à son autorité, à sa dynastie, à sa personne. Qu'arrive-t-il? Il se trouve que ces évêques sont de vrais chrétiens, de vrais catholiques, de vrais prêtres, animés de l'esprit de l'Église, qui parle par leur bouche. Avec tout le respect imaginable, ils se rallient au pape; et le concile tourne à la confusion de l'empereur.

Mécontent de Talleyrand, qui fronde sa politique; de Fouché, qui, dans ses rapports de police, se permet de lui adresser quelquefois d'humbles remontrances, Napoléon les frappe de sa disgrâce. A quoi cela lui sert-il? Fouché continue à faire de la police pour son propre compte; il observe l'empereur, il éclaire sa marche; il pénètre ses résolutions, il prévoit sa chute; et de cette protestation silencieuse des hommes qu'il a offensés, naît la pensée qui, trois mois plus tard, frappera de déchéance Napoléon.

Ainsi, pour maintenir sa volonté contre les volontés du pays, l'autocrate est conduit à faire la guerre à ses propres *sujets*, une guerre d'extermination. J'ai lu que les habitants d'une commune, située près de la frontière dans une région inaccessible, ayant cru pouvoir se refuser impunément à l'obéissance qu'ils devaient aux décrets impériaux, se virent tout à coup envahis par la force armée; le village fut brûlé, rasé, les coupables passés par les armes, les femmes et les enfants transportés loin de leur pays natal. *Ubi solitudinem faciunt, pacem appellant.* L'empereur avait fait un exemple : il avait anéanti un foyer de rébellion, tué les hommes : mais les volontés?...

Comprimées par l'autocratie, les volontés conspirent contre l'autocrate. Remarquez la coïncidence de ces faits : sous l'ancienne monarchie, les villes et les provinces ont conservé, dans une large mesure, leurs franchises et leurs coutumes. On paye, mais on se sent encore vivre; on est soi-même. Aussi le régicide est rare. Il se manifeste avec les guerres de religion. Après la révolution de 1789, la centralisation devient le dogme du gouvernement; aussitôt le régicide se multiplie d'une manière effrayante; il devient endémique, constitutionnel (art. 35 de la *Déclaration* des droits de 1793). C'est la Convention qui donne l'exemple : d'abord, elle tue Louis XVI; puis, comme si elle avait voulu faire expier à des innocents sa propre dictature, elle tue la *femme du roi*, la sœur du roi, le fils du roi. Ensuite elle tue les constitutionnels ou feuillants, les girondins, et Bailly, et Barnave, et Malesherbes, et Lavoisier, tout ce qui avait eu part à la monarchie absolue ou représentative. Alors viennent les représailles : le garde du corps Pâris tue Lepelletier, Charlotte Corday tue Marat, les rois du moment; Cécile Renaud essaye de tuer le dictateur Robespierre, qui tombera, quelques semaines plus tard, sous la réaction de Thermidor. Les sections conspirent en Vendémiaire, les jacobins en Prairial; Babœuf conspire, les deux Conseils conspirent, ce qui amène les exécutions de Vendôme et les transportations de Fructidor. Enfin le Directoire conspire contre lui-même, ce qui produit l'usurpation de Bonaparte.

Mais Bonaparte n'échappera pas à la loi. Sa dictature militaire est plus rude que celle de la Convention et du Directoire : la conspiration s'acharne contre lui. En 1800, conspiration des républicains et conspiration des royalistes; — 1803, conspiration de Pichegru, et conspiration de Cadoudal; — 1808 et 1809, conspiration dans l'armée dite des *Philadelphes;* — 1812, conspiration du général Mallet; — 1813, agitation des royalistes, murmures dans le Corps législatif; — 1814, les villes se prononcent, les Bourbons apparaissent; le Sénat conservateur prononce la déchéance. Ces faits ne révèlent-ils pas plus qu'une coïncidence, la connexité de l'effet à la cause? Supposez, à la place de tous ces souverains à grande centralisation, la Convention, Napoléon Ier, les Bourbons, Louis-Philippe, Napoléon III, une unité fédérale, expression d'un pacte d'assurance mutuelle entre quinze ou dix-huit souverainetés provinciales : croyez-vous que la conspiration irait s'attaquer à une pareille unité, fût-elle représentée par un homme qui se dirait roi?

Le plus terrible, est que la conspiration anticentralisatrice, lorsqu'après vingt échecs elle atteint son homme, ne s'arrête pas au prince, elle frappe en même temps la dynastie.

Louis XVI est immolé, avec sa race;

Robespierre est exécuté; et son parti, les jacobins, le sont avec lui;

Napoléon est déchu, et sa race en même temps;

Charles X est chassé, et toute sa famille forcée de le suivre;

Louis-Philippe est détrôné à son tour; et la branche cadette, de même que la branche aînée, condamnée au bannissement.

Et notez qu'aucun de ces dynastes n'est sacrifié pour ses crimes personnels, ou pour les vices de son gouvernement. Louis-Philippe fut le modèle des pères de famille; et, sauf les inconvénients de la centralisation, sauf les intrigues et la corruption qu'elle engendre, le gouvernement de juillet fut assez doux. La plupart des griefs qu'on lui a faits, comme d'avoir recherché la paix quand même, d'avoir abandonné la Pologne, tournent aujourd'hui à sa louange.

Charles X fut surnommé, non sans justice, le *roi chevalier*. Le plus grand reproche qu'on puisse faire à sa vie privée, c'est d'avoir, à l'exemple de Lafontaine, expié sur ses vieux jours, par une dévotion exagérée, les peccadilles de sa jeunesse. Quant au gouvernement, à part les aspirations rétrogrades de ce chef de l'émigration, il fut certainement plus moral sous Charles X qu'on ne l'a revu depuis. Robespierre, malgré l'horreur dont le système terroriste a déshonoré sa mémoire, a conservé sa réputation de *vertueux* et *d'incorruptible*. Il rêvait une république platonicienne, quand l'insurrection est venue le surprendre. Louis XVI eut toutes les vertus de l'homme privé ; nul plus que lui n'aima son peuple : malheureusement pour lui, il était foncièrement hostile aux idées de son siècle, ne croyant ni à la philosophie, ni à la Révolution, ni surtout au gouvernement constitutionnel. Quant à Napoléon, il est encore le héros populaire. La France lui a tout pardonné. Son administration fut éclairée, vigilante, économe, juste : il ne lui manqua qu'une chose, d'être libérale.

Certes, il faut que le crime de l'unitarisme soit grand, pour qu'un peuple tel que le nôtre le poursuive, chez les meilleurs de ses princes, avec un tel acharnement. Aucune vertu, aucune gloire n'a pu les sauver ; et toujours, dans nos querelles avec le pouvoir, nous voyons la dynastie rendue solidaire de son chef : caractère que la révolution anglaise de 1688 ne présente pas, puisque le même acte qui fit tomber Jacques II, détermina l'avénement au trône de son gendre, Guillaume III. Le peuple anglais est moins unitaire que le nôtre ; comme il a moins la passion de l'unité, il en a moins les colères. Il sait dompter une dynastie, la plier à ses volontés ; il ne l'extermine pas jusqu'à la racine. Ne serait-ce donc point qu'entre le principe centralisateur et le principe dynastique il existe une relation secrète qui, dans les cas de révolte, fait rejaillir le crime du père sur les enfants? C'est un mystère que je livre à la méditation du lecteur.

En résumé, l'unitarisme politique, autrement [dit] la centralisation, en tant qu'elle consiste à retenir dans l'indivision gouvernementale des groupes que la nature a faits autonomes et que la raison veut indépendants, unis seulement par un lien de fédération, est une fiction constitutionnelle, pleine de contradictions en théorie, et en fait irréalisable. Là est la vraie cause de ces incessantes immolations dynastiques, qui depuis 75 ans ont épouvanté notre société. Car telle est, pour les sociétés modernes, la vraie tyrannie, qu'on ne saurait mieux définir que par cette formule : *Absorption des souverainetés locales en une autorité centrale, dans un but soit de glorification dynastique, soit d'exploitation nobiliaire, bourgeoise ou sans-culotte.*

CHAPITRE VIII

CRITIQUE DE LA CONSTITUTION DE 93

De la production du SOUVERAIN dans la démocratie, en autres termes, du système électoral ou suffrage universel. Tableau des systèmes électoraux proposés et appliqués depuis 89 jusqu'à nos jours. Ces systèmes, contraires les uns aux autres et incompatibles, forment une série parallèle à celle des constitutions. Idée d'une synthèse représentative.

La Constitution de 1793, bien qu'elle ait précédé de onze ans celle de 1804, est en tout l'antithèse de celle-ci. Cela devait être. L'une est le développement de l'autorité individuelle, que proscrit la démocratie ; l'autre, l'expression de la souveraineté collective. Partout où la première nomme *l'empereur*, la seconde dit le PEUPLE. Par exemple, le Sénatus-Consulte organique de 1804 ne dit mot des *citoyens*, ni de leurs *libertés*, ni de leurs *garanties* ou de leurs *droits* ; il ne considère que l'autocrate, personnification de la masse, et qui résume en lui l'État. La Constitution de l'an II, au contraire, préparée par Condorcet, abrégée par Robespierre, celle de l'an III, se complaisent dans la *Déclaration des droits de l'homme et du citoyen*. Autant l'absolutisme a horreur des formules et des dogmes, autant la démocratie les recherche. Aussi, tandis que la Constitution de 1804 se déroule comme un arbre généalogique, où tout émane de l'empereur, jusqu'à la nation, et se rapporte à l'empereur, sans qu'on puisse accuser cette constitution de manquer, au moins d'une manière apparente, à son propre principe, la Constitution de 93 se contredit à chaque article, et aboutit à la plus effroyable des inconséquences, à l'abdication même du souverain. L'autocratie ne ment qu'à la vérité et aux faits ; la démocratie se ment à elle-même.

Examinons de près ce système.

Le point capital, dans une démocratie, est tout d'abord de produire le souverain. Dans le gouvernement monarchique, absolu ou constitutionnel, le souverain s'aperçoit, il se touche, il parle et on l'entend : c'est le roi, c'est sa famille ; ce sont les représentants, auxiliaires et conseillers de Sa Majesté. Dans une démocratie, qui a quelque souci de son principe et de son nom, qui est le souverain ? — Le souverain, dit-on, c'est le *peuple*. — A merveille : mais qu'est-ce que le peuple ? où est-il ? comment va-t-il se manifester? Telle est la question. Laissons de côté le *Champ de Mai* de nos aïeux Gaulois et Francs ; le *Forum* des Romains ; l'*Agora* des Grecs ; l'*Église* des premiers chrétiens. Nous sommes les gens de maintenant : ces vieilles mœurs ne nous regardent plus. Or, le peuple souverain, ou, pour m'exprimer en un langage moins concret, moins ambitieux, plus technique, la souveraineté nationale, se manifeste de nos jours par l'opération électorale, ce que nous appelons aujourd'hui *suffrage universel*.

Le système électoral a subi chez nous les mêmes épreuves, fourni la même carrière que le système gouvernemental lui-même. On pourrait en dresser un tableau analogue à celui des Constitutions, et dans lequel on en verrait tour à tour, tantôt la succession historique, tantôt la déduction théorique ou spéculative. On y verrait également que, comme les Constitutions sont des expressions équivalentes entre elles de la pensée politique et unitariste, sujette aux mêmes reproches et aux mêmes échecs ; de même les divers systèmes électoraux sont tous de valeur à très-peu près égale, expressions réduites et fautives d'une idée synthétique dont la formule reste encore à trouver. Contentons-nous de donner, en raccourci, l'historique de ce nouvel ordre de manifestations.

TABLEAU HISTORIQUE

DES SYSTÈMES ÉLECTORAUX, PROPOSÉS ET APPLIQUÉS EN FRANCE DEPUIS 1789

1789. — D'après le projet de constitution présenté à l'Assemblée nationale les 27 juillet et 31 août 1789, les conditions requises pour l'exercice du droit électoral étaient les suivantes :

Être né français; âgé de 25 ans, domicilié dans la commune depuis un an au moins ; payer une contribution égale à trois journées de travail. Les élections des représentants pour le *Corps législatif*, se faisaient à deux *degrés*. A cet effet, la France devait être divisée par circonscriptions de 50,000 âmes ; chaque circonscription devait nommer 250 députés, qui éliraient parmi eux un *représentant*, ce qui devait donner, pour la France entière, environ 500 représentants. Le Corps législatif se composait de deux chambres, l'une de *Sénateurs* nommés par le roi ; l'autre de représentants, élus, de la manière qu'on vient de dire, par l'universalité des citoyens. Cette seconde chambre devait être renouvelée intégralement tous les trois ans.

Tel était le procédé de manifestation de la nation souveraine proposé par les législateurs de 89. On ne pouvait guère, ce semble, se montrer, sous une monarchie, et pour un début, plus soucieux de la liberté et des droits du peuple.

L'âge de 25 ans n'avait rien d'exorbitant : c'est encore celui exigé par le code pour contracter mariage contre la volonté des parents. La contribution de trois journées de travail n'était pas non plus onéreuse : on pouvait y voir un symbole plutôt qu'une condition; elle ajoutait à la dignité de l'électeur, et à la moralité même de la fonction.

La constitution adoptée par la Constituante, moins royaliste que le premier projet, se montre également plus exigeante vis-à-vis des citoyens pour la concession du droit de suffrage. Il semble que la prérogative du pouvoir ne puisse s'amoindrir, sans que la prérogative citoyenne s'amoindrisse proportionnellement.

1791. — L'élection à deux degrés est maintenue, ainsi que l'âge de 25 ans accomplis, l'année de domicile, et la contribution de trois journées de travail. Mais on exige de plus que le citoyen ait prêté le *serment civique*; qu'il soit inscrit au rôle de la *garde nationale*, et l'on exclut les *domestiques*. Le citoyen qui satisfait à toutes ces conditions est *citoyen actif*. Le Sénat, ou chambre haute, étant supprimé, le nombre des *députés* de l'assemblée unique croît d'autant : il est fixé à 745, d'après la triple base du *territoire*, de la *population* et de la *contribution directe*, en autres termes, de la *propriété*. L'assemblée doit être renouvelée tous les deux ans.

Je n'entends nullement blâmer ces diverses conditions, pas plus que les précédentes. Contentons-nous d'observer que la tendance de la Constitution de 91 est éminemment bourgeoise : encore un pas, et nous verrons exclure du suffrage universel les ouvriers, les salariés, en un mot, toute la plèbe.

1793. — Projet de constitution *girondine*. Le Corps législatif se compose d'une seule assemblée, qui se renouvelle *tous les ans*. L'élection n'a qu'une base, la *population*. Le suffrage est *universel et direct;* mais la nomination du représentant se fait, par les mêmes électeurs, en *deux scrutins*, l'un de *présentation*, l'autre d'*élection*. La contribution de trois journées de travail est *abolie;* la domesticité exerce, comme le reste du peuple, le droit électoral; l'âge reste fixé à vingt-cinq ans. Outre les députés au Corps législatif, les citoyens sont appelés à élire, dans leurs assemblées primaires, tous les *magistrats*, *administrateurs* et *fonctionnaires* de la République, jusqu'au *Conseil exécutif* lui-même.

1793. — Constitution *jacobine*. Il était difficile de se montrer plus radical que n'avait fait la Gironde, par la plume de Condorcet. Robespierre essaya pourtant d'enchérir sur ses rivaux : l'honneur montagnard le voulait ainsi. Le projet de Condorcet, afin de laisser aux électeurs le temps de la réflexion, et de leur permettre d'agir avec plus de maturité, avait établi la formalité, non pas de deux degrés d'élection, mais de deux scrutins. Robespierre voulut que l'élection fût immédiate, qu'elle se fît du premier coup : économie de temps peut-être, mais non garantie d'infaillibilité. Condorcet avait laissé la fixation de l'âge civique à 25 ans ; Robespierre l'abaissa à 21 : appel à la jeunesse, contre la virilité. Condorcet avait réservé à chaque assemblée primaire la faculté de présenter des *observations* sur les lois votées et d'en provoquer sans désemparer la *révision*. Robespierre soumit la loi à l'*acceptation* du peuple. Il est vrai que cette acceptation est purement tacite, par conséquent insignifiante et de nul effet. Il dit : « Quarante jours après le vote » de la loi, si, dans la moitié des départements » plus un, le dixième des assemblées primaires » de chacun d'eux régulièrement formées n'a pas » *réclamé*, le projet est accepté et devient loi. » Application solennelle de la maxime : *Qui ne dit rien consent*. Il y eut cependant un point sur lequel Robespierre ne put s'élever au niveau de Condorcet, c'est celui qui concerne le Conseil exécutif, la magistrature et les autres fonctionnaires, dont il voulut que l'élection fût faite, non pas directement par les assemblées primaires, mais à deux et même trois degrés. On voit ici que la dictature ne traite pas mieux le peuple souverain que ne fait l'autocratie : la loi que nous avons signalée tout à l'heure entre les moyens (1789-1791), se retrouve entre les extrêmes (1793, 17 février et 24 juin).

1795. — La dictature conventionnelle a pris

fin; mais, grâce à elle, les idées gouvernementales se sont relevées, le pouvoir s'est rassis. Le peuple souverain perd dans la considération publique. Suffrage universel à deux degrés; rétablissement de la condition censitaire, à l'exception des citoyens qui ont combattu dans les armées de la République. Cas d'exclusion nombreux. Deux chambres, nommées, il est vrai, toutes deux par le peuple. L'élection du Directoire exécutif réservée au Corps législatif; la nomination d'une partie des agents du pouvoir enlevée aux électeurs et attribuée au Directoire.

Nouvelle confirmation de la loi citée plus haut. Dans la démocratie comme dans la monarchie, la tension du droit civique est proportionnelle à la modération du gouvernement. Il n'y a d'exception à cette règle que dans l'autocratie, qui naturellement ne peut que nier son contraire.

1799. — Constitution consulaire. Bonaparte connaissait le peuple; il savait comment on doit en user avec la multitude. *Comme avec les chiens*, disait-il, *à coups de cravache*. Voici ce qu'il fit du suffrage universel : c'est un des chapitres les plus intéressants de notre droit public.

« Art. 7. — Les citoyens de chaque arrondis» sement communal désignent par leurs suffrages » ceux d'entre eux qu'ils croient les plus propres » à gérer les affaires publiques. Il en résulte » une *liste de confiance*, contenant un nombre de » noms égal au dixième du nombre des citoyens » ayant droit d'y coopérer. C'est dans cette pre» mière liste communale que doivent être pris » les fonctionnaires publics de l'arrondissement.

» Art. 8. — Les citoyens compris dans les » listes communales d'un département désignent » également un dixième d'entre eux. Il en ré» sulte une seconde liste dite départementale, » dans laquelle doivent être pris les fonction» naires publics du département.

» Art. 9. — Les citoyens portés dans la liste » départementale désignent pareillement un » dixième d'entre eux : il en résulte une troisième » liste qui comprend les citoyens de ce départe» ment éligibles aux fonctions publiques na» tionales.

» Art. 19 et 20. — Les listes de départements

» sont adressées au Sénat, qui élit, dans cette
» liste, les législateurs, les tribuns, les consuls,
» les juges de cassation, et les commissaires à la
» comptabilité. »

Le Corps législatif est renouvelé *tous les ans*, mais par cinquième. — Le vote des lois est soumis à la même filière que les élections. La loi est *proposée* par le gouvernement, *discutée* par le Tribunat, devant le Corps législatif, *votée* par celui-ci, au scrutin secret, et sans discussion, et *sanctionnée* par le Sénat, qui a le droit d'en arrêter la promulgation, mais seulement pour cause d'inconstitutionnalité. C'est le principe de la séparation des pouvoirs, appliqué à la confection de la loi.

Voici donc, d'un côté, quatre degrés d'élection; de l'autre, quatre degrés de législation. Si le peuple s'émancipe, si les législateurs se fourvoient, ce ne sera pas la faute de la Constitution. Et qui élit le Sénat ? Le Sénat lui-même, plus tard l'empereur : ce qui formera un cinquième degré d'élection. Qui élit, sur les listes de département et d'arrondissement, les citoyens *les plus propres à gérer les affaires publiques ?* Encore l'empereur, toujours l'empereur, qui seul existe par lui-même; et qui, devenu chef d'une dynastie héréditaire, sacré par le prince des évêques catholiques, n'est ni élu, ni éligible, mais Dieu-donné, incarnation surnaturelle du Peuple.

En nommant l'empereur à propos de la Constitution de 1799, j'ai anticipé sur les dates. Les sénatus-consultes de 1802 et 1804 ne firent que développer et embellir ce système, ainsi qu'on peut voir par la Constitution de 1804 (voyez page 152); en 1807, le tribunat fut aboli. C'est ainsi que le peuple, d'après les constitutions de l'empire, était censé exercer sa souveraineté, faisant les lois et exerçant tous les pouvoirs, par ses élus.

1814. — Le système de la Charte est connu : deux chambres, l'une inamovible et héréditaire; l'autre éligible et renouvelable par cinquième tous les ans. Pour être électeur, il faut être âgé de trente ans et payer 300 fr. au moins de contribution directe; pour être éligible, il faut être âgé de quarante ans et payer 1,000 fr. La puissance législative s'exerce collectivement par la chambre des pairs et la chambre des députés.

Je n'ai ici qu'une observation à faire. La France, revenant en 1814 des extrêmes de la démocratie et de l'autocratie au juste-milieu de la monarchie parlementaire, le système électoral qui, sous l'Empire, n'était déjà qu'un simple rouage, tandis que sous la République il était la base même de l'État et la source de tout pouvoir, descend ici au rôle matériel de contrepoids. C'est la bourgeoisie censitaire faisant équilibre à la couronne, assistée de la chambre haute, du clergé, et de toutes les influences du pouvoir et du budget.

1815. *Acte additionnel aux constitutions de l'Empire.*— Imitation de la Charte de Louis XVIII, sauf les points suivants : 1° Les députés sont élus par le suffrage universel, mais à deux degrés ; de plus, il y a des représentants spéciaux de la propriété et de l'industrie ; 2° l'empereur n'est pas tenu de prendre ses ministres dans la majorité des chambres ; il fait soutenir sa politique par des ministres d'État, sans portefeuille.

Par là il se réserve le moyen d'éluder le système parlementaire.

1830. *Révision de la Charte.* — Les chambres partagent avec la couronne l'initiative de la loi. On abaisse le cens électoral et d'éligibilité : ce qui veut dire qu'on renforce le contre-poids opposé à la couronne, en même temps qu'on fait un pas vers la démocratie, sans toutefois introduire le peuple dans les comices, ce que le juste-milieu, avec toute sa modération, ne supporterait pas.

1848. — Triomphe de la démocratie. Le suffrage universel et direct est rétabli, mais ne s'applique qu'aux élections pour les conseils municipaux et généraux et pour l'assemblée nationale; tous les fonctionnaires publics, à l'exception du président, qui est élu pour quatre ans par le peuple, restent à la nomination du pouvoir exécutif. L'assemblée législative est unique; le président lui est subordonné; l'élection a pour base unique la population. Le suffrage universel devient la partie fondamentale du système : du reste, nouvelle confirmation de la loi plusieurs fois déjà mentionnée : quand le gouvernement se roidit, la souveraineté populaire décline. C'est ce qu'a démontré la loi restrictive du suffrage universel, du 31 mai 1849.

1852. — Le système électoral adopté par la constitution de Napoléon III est le même au fond que celui de 1848; il n'en diffère que par des modifications de détail assez nombreuses, mesures de précaution contre l'effervescence populaire. Le suffrage universel et direct, au rétablissement duquel le coup d'État du 2 décembre a dû son triomphe, est incompatible avec une constitution impériale. Nous reviendrons sur ce sujet dans le chapitre consacré à l'examen de cette constitution.

Il résulte de la revue que nous venons de faire, que, comme le nombre des gouvernements possibles, entre les deux extrêmes absolus de l'autocratie et de la démocratie, est illimité, tout de même, le nombre des systèmes de production du peuple souverain, autrement dits systèmes électoraux, correspondants à ces formes diverses de gouvernements, est aussi illimité.

Or, parmi cette multitude de systèmes, par lesquels la nation souveraine, aussi bien sous le régime monarchique que sous le régime démocratique, tend à se manifester, quel est le meilleur, le plus libéral, le plus véridique, le moins sujet à faillir ?

Je réponds ici comme je l'ai fait déjà à propos des constitutions : Tous ces systèmes se valent, tous ont leurs avantages et leurs vices ; il serait absurde d'exprimer une préférence quelconque, pas plus en faveur du suffrage universel et direct, dont nous connaissons les hauts faits, que du système censitaire à 300 fr. et à 1,000, dont l'insolence et l'illogisme nous révoltent.

Et la raison de s'abstenir ici de toute préférence est aussi simple que péremptoire : c'est que toutes ces utopies électorales, imaginées par des empiriques, sont des réductions arbitraires, des mutilations d'une *synthèse* qui réunit, comme elle le doit, tous les éléments opposés, et cela précisément parce qu'ils sont opposés; synthèse qui exclut tout antagonisme, assure à la fois et l'équilibre du gouvernement et la souveraineté du peuple, mais dont l'application n'a rien de commun avec la routine de nos praticiens. Je vais tâcher de me faire comprendre.

Une nation qui se fait REPRÉSENTER doit être représentée dans tout ce qui la constitue : dans sa population, dans ses groupes, dans toutes ses facultés et conditions. Telle constitution admet le suffrage universel et direct, mais en fixant le maximum de l'âge requis à vingt-cinq ans ; telle autre l'abaisse à vingt-un ans. Une troisième, comprenant qu'en fait d'opinions, comme en fait de richesse et d'intelligence, l'inégalité règne partout ; que la multitude ne fait que suivre, et que l'initiative des idées est le fait d'un très-petit nombre ; qu'en un mot, il ne suffit pas de compter les suffrages, mais qu'il importe encore de les peser : une troisième, dis-je, admettant le principe du suffrage universel, en règle la pratique à deux ou plusieurs degrés. D'autres se disent que la population n'est pas la seule base d'un système électoral ; qu'il faut encore tenir compte des agglomérations, de l'industrie, de la propriété, etc. Enfin, à propos des exclusions nombreuses que se permettent les systèmes soi-disant les plus larges, les plus populaires, les plus libéraux, on s'est demandé si le droit électoral pouvait se perdre par le fait d'aucune situation; pourquoi les femmes et les jeunes gens au-dessous de vingt-un ans en étaient exceptés; pourquoi ces excommunications terribles prononcées contre les condamnés, les faillis, les immoraux, etc., les domestiques, mendiants, vagabonds, etc.?

A ces interpellations, il n'a été rien répondu de solide : on a dit qu'il répugnait d'opposer le vote des enfants et des femmes à celui des maris et des pères; que ce serait amoindrir l'autorité paternelle et conjugale, et allumer, à propos de politique, la discorde au sein des familles; qu'il en était de même pour les domestiques, dont on ferait autant d'ennemis, d'espions et de traîtres dans la maison de leurs maîtres, quand ils ne seraient pas de simples créatures; qu'il répugnait encore plus de mettre sur la même ligne l'honnête homme et celui qui a subi la note d'infamie; que, faire violence sur ce point à l'opinion, ce serait faire déserter les comices et frapper de mort l'institution. Ces considérations ont leur valeur, et j'avoue que pour mon compte je suis, sur presque tous ces points, de la plus inexorable intolérance. Le jour où le législateur accordera aux femmes et aux enfants le droit de suffrage, par exemple, sera le jour de mon divorce ; je chasse loin de moi femme et progéniture, et je rentre dans ma solitude. Mais, enfin, tout cela ne répond pas à l'argument de droit. Les personnes auxquelles a été refusé ou retiré le droit de suffrage font partie essentielle de la nation ; elles ont le droit d'être représentées : peut-on admettre qu'elles le soient d'office par ceux de qui elles dépendent, ou qui leur ont été désignés comme tuteurs ou répondants ? Quand le médecin s'approche du malade, il le fait parler autant que sa faiblesse le lui permet, il n'interroge pas de personnes tierces, ni parents ni hôtes. L'Église a sa pénitencerie, selon laquelle le pécheur doit s'accuser lui-même, s'il veut obtenir, avec le pardon de ses fautes, les remèdes de l'âme. Or, la plupart des citoyens exclus des listes électorales sont des malades sociaux et politiques : comment se relèveront-ils, comment obtiendront-ils la justice qui leur est due, s'ils ne peuvent parler pour eux-mêmes, s'il leur est défendu d'avoir leur part dans la représentation nationale, d'ester, si j'ose ainsi dire, dans l'exercice de la souveraineté du peuple ?

Eh bien, ne reculons jamais devant la logique, quand elle sert d'interprète au droit et à la liberté. La synthèse électorale doit comprendre, non-seulement en théorie, mais en pratique, tous les systèmes produits : admettre à la fois, comme base d'élection, non-seulement la population, mais le territoire, la propriété, les capitaux, les industries, les groupes naturels, régionaux et communaux. Elle doit tenir compte des inégalités de fortune et d'intelligence, et n'exclure aucune catégorie... Comment, me demanderez-vous, tout cela serait-il possible sans enfreindre l'égalité civique, et sans soulever de nombreux antagonismes ? Comment cela serait-il possible, si la plupart de ces éléments s'excluent les uns les autres?... A quoi je réponds qu'en effet, si le grand acte qui a pour objet de produire la représentation nationale consiste à réunir une fois tous les cinq ans, ou tous les trois ans, une cohue de citoyens désignés, et à leur faire nommer un député porteur d'un mandat en blanc, et qui, en vertu de ce mandat en blanc, représente non-sulement ceux qui lui ont donné leurs suffrages, mais ceux qui ont voté contre lui; non-seulement la masse électorale, mais toutes les catégories de personnes qui n'ont pas voté, toutes les forces, facultés, fonctions et intérêts du corps social; je réponds, dis-je, que si c'est là ce qu'on entend par suffrage universel, il n'y a rien à en espérer, et que tout notre système politique est une mystification et une tyrannie.

Je conclus. Une représentation sincère et véridique, dans un pays comme le nôtre, suppose un ensemble d'institutions tellement combinées, que tout intérêt, toute idée, tout élément social et politique puisse s'y produire, s'exprimer lui-même, se faire représenter, obtenir justice et garantie, exercer sa part d'influence et de souveraineté. Car la représentation nationale, là où elle existe comme condition politique, ne doit pas seulement être un rouage, comme dans la Constitution de 1804; un rouage et un contre-poids, comme dans la Charte de 1814-1830 ; la base de l'édifice gouvernemental, comme dans les Constitutions de 1793, 1848 et 1852 : elle doit être à la fois, à peine de mensonge, une base, un rouage, un contre-poids, et de plus une fonction, fonction qui embrasse la totalité de la nation, dans toutes ses catégories de personnes, de territoire, de fortunes, de facultés, de capacités et même de misère.

J'ai dû m'étendre sur cette production du souverain, vulgairement appelée système électoral ou suffrage universel, en raison de l'importance de la question et de la fausseté des idées que l'on s'en fait généralement. Nous pouvons maintenant juger la Constitution de 93.

CHAPITRE IX

CONTINUATION DU MÊME SÛJET : CRITIQUE DE LA CONSTITUTION DE 93.

Contradiction essentielle entre le principe de la souveraineté du peuple et celui de sa représentation. Abdication nationale par le suffrage universel. Pourquoi le système démocratique est plus instable qu'aucun autre. La multitude désintéressée du gouvernement. — Hypothèse d'une liste civile populaire.

En voyant par quelle série d'expérimentations malheureuses, en fait de gouvernements, de dynasties, de législation, de représentation, d'élection, nos hommes d'État, soi-disant hommes de pratique, nous ont depuis bientôt quatre-vingts ans fait voyager, le lecteur doit sentir diminuer son dédain pour les novateurs tant calomniés de nos jours sous les noms de *socialistes*, d'*utopistes*, de *communistes*, d'*anarchistes*, et dont le plus grand tort est d'avoir mieux vu que les autres et d'avoir osé dénoncer les aberrations des *praticiens*. Il est vrai que les réformes proposées par ces novateurs n'ont pas reçu la sanction de l'opinion ; on peut même avouer, sans nulle honte, qu'elles n'ont pas toujours été revêtues d'un caractère parfait de certitude. La science est de difficile construction, la vérité de pénible découverte, hélas! aussi bien en politique et en économie politique, qu'en chimie, géologie et histoire naturelle. Mais de quel front des empiriques, des brouillons, des charlatans, s'en viennent-ils nous reprocher nos utopies, avec leurs quinze ou seize constitutions, [dont pas une] n'a pu supporter l'application, pas plus qu'elles ne supportent l'examen ; avec leurs quinze ou vingt théories électorales, dont pas une n'a pu les satisfaire eux-mêmes ? Nous sommes livrés à d'abominables carabins, qui traitent la matière humaine comme les chiens et les chevaux que, sous prétexte de science, on assassine par douzaines dans nos amphithéâtres. La politique est devenue entre les mains de ces charlatans une véritable vivisection.

La Constitution de 93 a donc voulu donner au peuple, en fait d'élection et de représentation, les garanties les plus larges, les plus puissantes. Pour cela, qu'a fait le législateur de 1793? Il s'est dit :

Il est de toute impossibilité physique, économique, intellectuelle et morale, qu'une collection d'hommes, aussi considérable que le peuple français, exerce à la fois, par lui-même, d'un côté les pouvoirs législatif, exécutif et judiciaire; de l'autre les fonctions industrielles et agricoles ; qu'elle gouverne, délibère, plaide, juge, administre, surveille, contrôle, réprime, combatte, et en même temps qu'elle vaque aux travaux de la production et aux opérations de l'échange; il est impossible, disons-nous, absolument impossible que pareille chose ait lieu, comme le voudrait rigoureusement le principe, et comme l'indique la tendance démocratique. Bon gré mal gré, il est donc nécessaire, indispensable, que le peuple, pour une multitude de choses, même des plus importantes, agisse par procuration, et qu'il se donne des mandataires. Il faut, en un mot, que le peuple soit représenté : représenté pour la confection de la loi ; représenté pour son exécution, représenté pour son interprétation, représenté pour son application, représenté pour sa révision ; représenté dans le gouvernement, dans l'administration, dans le jugement ; représenté dans la surveillance, représenté dans la distribution des emplois, représenté dans la fixation des dépenses, représenté dans la discussion des comptes ; représenté pour déclarer la guerre ; représenté pour faire la paix ; représenté pour conclure des traités de commerce et d'alliance. Il n'y a que trois choses pour lesquelles le peuple agisse par lui-même, en personne et sans représentants : le travail, l'impôt et le service militaire. Donc, a conclu le législateur, nous donnerons au peuple, dans la plus large mesure, la souveraineté électorale. Il choisira, il élira, il nommera ses représentants, tant pour l'exécutif que pour le législatif : c'est bien la moindre chose. Ses droits seront clairement et énergiquement établis. Après la *Déclaration des droits*, et l'affirmation solennelle, comminatoire, de la *souveraineté du peuple*, il y aura dans la constitution un chapitre sur les *Assemblées primaires*, un sur le *Corps législatif*, un sur le *Pouvoir exécutif*, etc. Comme nous devons être ménagers du temps du peuple, autant que soucieux de sa souveraineté, nous renverrons à des assemblées électorales permanentes, élues par les assemblées primaires, la nomination des fonctionnaires de l'exécutif, des juges, etc., exception judicieuse, qui affranchira le peuple des charges pénibles d'une souveraineté directe. (C'est à la faveur de cette exception que l'exécutif a fini par ressaisir la nomination de TOUS les fonctionnaires.) Pour assurer enfin l'unité du gouvernement du peuple et l'indivisibilité de son pouvoir souverain, il sera établi une hiérarchie ou subordination entre les divers centres administratifs :

Administration municipale;

Administration de district;

Administration d'arrondissement.

Toutes ces administrations seront placées sous la haute surveillance du Corps législatif, qui déterminera les attributions des fonctionnaires et les règles de leur subordination. Et pour assurer cette subordination, ainsi que l'obéissance des divers centres, aux ordres de l'autorité supérieure, la Constitution de l'an III, qui suivit de près celle de l'an II, instituera des *commissaires*, à la nomination du *Directoire exécutif*, lesquels commissaires deviendront, d'un trait de plume, par la loi du 28 pluviôse an VIII (17 février 1800), les *préfets*, que nous avons, Français, le bonheur de posséder depuis lors.

Mais, très-excellent législateur, il est une chose à laquelle vous ne réfléchissez point, et qui fait crouler votre système : c'est que, quand tous les pouvoirs auront été délégués, toutes les fonctions publiques distribuées ; quand le peuple sera représenté au sommet, au milieu, à la base ; quand les extrémités devront obéir au centre, le souverain sera zéro. En autocratie, le souverain peut fort bien séparer les pouvoirs, diviser les fonctions de son gouvernement, et les confier à des serviteurs choisis par lui ; parce qu'il reste leur maître à tous, et qu'au moindre mécontentement, il les révoque et les brise. Cela tient, remarquez ceci, à ce que le souverain est un homme, qu'aucune représentation ne fait évanouir. Mais en démocratie, où le souverain est une collectivité, quelque chose de quasi-métaphysique, qui n'existe que par représentation, dont les représentants sont subordonnés les uns aux autres, et tous ensemble, à une représentation supérieure, dite *Assemblée nationale* ou *Corps législatif*, le peuple, considéré comme souverain, est une fiction, un mythe; et toutes les cérémonies par lesquelles vous lui faites exercer sa souveraineté élective, ne sont autre chose que les cérémonies de son abdication.

Jusques à quand ce débonnaire souverain, plus soliveau que celui qui fut envoyé par Jupiter pour régner sur les grenouilles, servira-t-il de marchepied aux bavards qui l'endoctrinent? On lui dit : Votez tous, et directement; et il vote. Votez à deux degrés, à trois degrés, à quatre degrés; et il vote. Votez quelques-uns, les citoyens *actifs* seulement; et il vote. Votez, les propriétaires à 300 fr. de contributions directes; et il vote. Votez pour le gouvernement; et il vote;

votez pour l'opposition ; et il vote. Votez par communes, votez par départements, votez au scrutin de liste ; et il vote. Votez par circonscriptions arbitraires, sans vous connaître, à l'aveuglette ; et-il vote. Bravo, hommes d'action ; vous faites parfaitement l'exercice et votez à merveille. A gauche, à droite ; nommez vos conseillers municipaux : le gouvernement nommera les maires, les adjoints, les commissaires de police, les juges de paix, les gendarmes, les préfets et sous-préfets, tous les fonctionnaires et magistrats de la République. Et ils obéissent. C'est superbe. En avant marche ! Nommez l'empereur, et ils crient *Vive l'empereur* ! Quelle race !

Avec tout cela, la Constitution de 93, celle de l'an III, celle de 1848, ne sont pas plus absurdes que celles de 1830, 1814 et 1799 ; elles sont, je l'ai dit et le répète, contradictoires dans les *termes* ; mais elles contiennent tous les éléments des autres, et ne présentent, au fond rien de plus irrationnel. A cet égard, on les a singulièrement calomniées. Ceux qui firent litière de la Constitution de l'an III, par exemple, auraient-ils osé dire que celle de l'an VIII, sortie du 18 Brumaire, fut plus libérale, plus logique, plus fidèle au droit et aux principes ? *Qui veut noyer son chien l'accuse de la rage*, cela est vrai surtout de nos diverses tentatives républicaines. Les Daunou, les Sieyès, et tant d'autres disaient avec dédain que la Constitution de 93 était impraticable : ils ont oublié d'en déduire les raisons. Et la Constitution de Sieyès, l'était-elle davantage? — Bonaparte sabre toutes les constitutions, il prend à droite, à gauche, dans Robespierre, dans Sieyès, dans Mirabeau, etc.; sans nul souci ni de la logique ni de l'opinion, et il bâcle sa Constitution de l'an VIII, qui devient Constitution de l'an X, puis Constitution de l'an XII, et dure quatorze ans. Pourquoi celle de 93 n'aurait-elle pas fourni une pareille carrière?

Il est vrai : la République a été parmi nous de courte durée; et je veux en dénoncer la cause, afin de fermer une bonne fois la bouche tant aux partisans du pouvoir absolu qu'à ceux du modérantisme. Ce qui a fait périr la République, en 1799 et en 1851, ce ne sont pas les vices de sa

Constitution : ces vices n'étaient pas de nature à l'empêcher de vivre au moins âge d'homme; c'est tout simplement que les classes inférieures, en vue desquelles surtout la République avait été fondée, et dont la Constitution consacrait le droit souverain, se sont trouvées, par la négligence ou la trahison du législateur, n'avoir au nouvel ordre de choses aucun intérêt positif.

L'honnête bourgeoisie, qui professe une si grande horreur pour le régime démocratique, d'abord parce qu'il lui semble organisé contre elle; puis, parce qu'il a le défaut non moins grave de ne présenter à ses yeux aucune garantie de stabilité, ne paraît pas avoir jamais pris garde à une chose : c'est qu'en définitive l'humanité n'est pas longtemps vertueuse contre son propre intérêt. Voulez-vous que les citoyens se montrent toujours zélés et fidèles? Faites qu'ils aient plus à y gagner qu'à y perdre. C'est ce dont nos fondateurs de démocratie ne se sont jamais souvenus. Tandis que, sous une constitution monarchique, roi et princes, quand il y a une noblesse, et il est rare qu'il n'y en ait pas, puisqu'elle se reforme toujours, ont tous certains avantages matériels déterminés et parfaitement garantis, avantages que la plèbe ne leur dispute point; sous une constitution démocratique, à laquelle les classes supérieures savent toujours trouver leur compte, le peuple seul n'a rien; le législateur ne lui a rien alloué, rien adjugé, rien garanti; il reste complétement désintéressé, comme si la chose ne le regardait pas. En sorte que le peuple souverain, qui, par l'exercice périodique du suffrage universel, renouvelle tous les trois ou cinq ans son abdication, semble encore, par la nullité de ses avantages, frappé d'exhérédation. C'est un roi sans domaines, un véritable Jean-Sans-Terre, un Gautier-Sans-Avoir, qui, de toutes les grandeurs et magnificences royales, ne conserve que le titre, la nu-souveraineté. Cela est absurde, injurieux, ridicule : mais cela est.

Dans un établissement monarchique, le prince et sa famille ont leur liste civile, leurs apanages, châteaux, domaines, plus, de temps en temps, quelques revenants-bons; les sénateurs, les grands dignitaires, leurs dotations et pensions; la bourgeoisie a le privilége des emplois de toute espèce : il n'en est guère dont les émoluments lui paraissent à dédaigner, sans compter que les petits traitements sont un acheminement vers les gros. Qu'est-ce que les constitutions démocratiques ont fait pour la plèbe? Quelle aumône, quelle miette de la richesse publique lui ont-elles assurée? En 1848, les ouvriers demandaient le droit au travail : refusé. Ils regardent comme un bienfait qu'on leur permette aujourd'hui de se cotiser pour soigner leurs malades et nourrir leurs vieillards. Un décret du Luxembourg avait fait des Tuileries un hôtel des *Invalides du peuple :* quinze jours ne s'étaient pas écoulés depuis la révolution qu'un ordre de Caussidière expulsait les occupants. Pendant trois mois le peuple a souffert misère pour la République; mais, après les journées de juin, il s'est mis à crier : *Vive Napoléon!* Qu'avait-il à faire de cette démocratie?

On dit que la République était pauvre, endettée, le trésor vide, les capitaux sans confiance, la Bourse et la propriété conjurées. D'ailleurs, ajoute-t-on, comment subvenir à tant de misères, à de si implacables appétits. Qu'est-ce qu'une dynastie, une aristocratie, formant à peine un pour mille dans la nation, auprès de ces millions d'affamés ?... Ne faisons pas un crime à la démocratie d'une impuissance qui est celle de l'humanité même. Le peuple souverain tient à ce que le prince, son élu, et ses représentants soient magnifiques : c'est sa gloire à lui, et une de ses consolations dans sa pauvreté. Il ne demande pas qu'on le fasse vivre en Crésus et en Sybarite ; il sait que cela est impossible et ne serait pas même moral....

J'ai fait, sur le budget de 1863, le décompte par aperçu de toutes les dépenses portées dans les différents ministères, à titre de subventions, souscriptions, encouragements, gratifications, dépenses secrètes, secours, indemnités, missions, frais de voyages, solde de non-activité, restaurations et constructions d'églises, palais, etc. ; j'y ai joint la liste civile, les dotations, pensions, moins les pensions civiles, formées au moyen de retenues sur les employés; plus, les réductions à opérer sur les traitements qui excèdent le maximum autorisé par la frugalité démocratique; toutes les sommes, enfin, dépensées à titre gracieux, luxueux, honorifique, magnifique, libéral, policier et arbitraire; et j'ai trouvé que le total de ces sommes approchait 250 millions.

250 millions, sur le produit d'un peuple que les évaluations des économistes contemporains, amis de l'empire, évaluent à 12 milliards et demi de francs, c'est juste 2 0/0.

Assurément je ne prétends pas que tout soit à retrancher dans cette catégorie de dépenses; jusque dans le chapitre des *dépenses secrètes*, réputées honteuses, il y a, j'en suis convaincu, des allocations légitimes. Aussi n'est-ce pas, à [vrai dire,] d'un retranchement que je veux parler, c'est plutôt d'une substitution. Nous parlons de la démocratie, des conditions de son gouvernement, de la nécessité d'y intéresser la plèbe, de la même manière que les hautes classes, le roi et la famille royale, les sénateurs, ministres, et tous les agents du pouvoir royal, sont intéressés au gouvernement monarchique. Or, puisque le peuple souverain est condamné par la nature des choses à ne pouvoir prendre part à l'exercice de son pouvoir que par la nomination de ses mandataires, à régner et à ne gouverner pas, ni plus ni moins qu'un roi constitutionnel selon l'esprit de 1814 et 1830, je me demande si le vrai moyen d'intéresser ce peuple au système qui le fait roi ne serait pas de lui attribuer toutes les dépenses qui, sous la monarchie et l'empire, figurent au budget, aux différents titres que je viens de rappeler.

Il est bien entendu que je raisonne ici exclusivement dans l'hypothèse où la nation voudrait revenir au système de 1793 et 1848, système que, du reste, je n'entends pas autrement recommander, et qui n'est pas le mien.

Je dis donc que, les 250 millions dont je viens de parler étant de nature essentiellement monarchique ou souveraine, puisqu'elles se rapportent toutes à la personne du monarque, à sa dynastie, à sa cour, à ses grands dignitaires, à ses créatures, aux militaires qu'il s'efforce de rallier tous à sa cause, à cette foule de solliciteurs de toute espèce qui l'assaillent, au luxe de sa couronne, aux agents qui veillent à la sûreté de sa personne, etc., de telles dépenses peuvent parfaitement, au cas où la Démocratie succéderait à l'Empire, se reporter sur le peuple, sauf les modifications que comporterait le nouveau système.

Pour ne citer qu'un exemple, il est clair que le service militaire, au cas où l'armée serait conservée, étant obligatoire pour tout le monde, les 38 ou 40 millions de pensions accordées au militaire, à l'exception de celles pour blessures graves, deviendraient disponibles, et pourraient, par un simple virement, figurer à un autre chapitre du budget. Il est évident encore que, dans une démocratie, la durée du service actif, dans toutes les professions, étant égale à celle de la vie elle-même, sauf les cas avérés de maladie, d'infirmité ou décrépitude ; les traitements des employés n'ayant plus à subir de retenues pour pensions, et devant être calculés en conséquence, il y aurait encore de ce fait une économie considérable à réaliser, dans l'intérêt du souverain. Je laisse de côté ces considérations qui fourniraient la matière d'une intéressante critique, mais qui ne sont pas précisément de mon sujet.

Prenant donc 250 millions, distraits du budget actuel, soit 2 p. 0/0 de la production totale du pays, je trouve que rien ne serait plus aisé que de faire, avec cette somme, une espèce de liste civile au peuple, liste civile à laquelle participeraient plus de 500,000 électeurs. Voici comment j'entendrais la répartition.

1° Conditions d'admission à la *liste civile du peuple* :

Être né Français; avoir trente-six ans révolus; être marié et père de famille; certificat de bonne vie et mœurs; instruction satisfaisante, selon la profession ; quinze années de travail effectif, dans les diverses catégories du travail, agriculture, industrie, navigation, fonctions publiques, etc. ; ou, à défaut, avoir produit un chef-d'œuvre, fait une découverte, une action d'éclat ; être inscrit au rôle de la garde nationale, et en remplir les devoirs ; ne posséder qu'un revenu inférieur à 1250 fr., moyenne approximative du revenu en France par famille de quatre personnes.

Les titulaires seraient élus par le suffrage universel dans tous les départements, et proportionnellement à la population. Ils se recruteraient à fur et mesure des vacances, sur des listes dressées d'avance d'*honoraires* élus également par le suffrage universel, en nombre égal à celui des titulaires.

2° *Chiffres de répartition.* — Il y aurait, selon l'ancienneté et le mérite, trois classes de titulaires : la 1re formée de tous les inscrits ou brevetés au chiffre de 400 francs ; la 2e des brevetés au chiffre de 500 francs ; et la 3e des brevetés au chiffre de 600 francs.

250.000	honoraires au brevet de...	400 fr.	100 millions
150.000	— — de...	500	75 —
100.000	— — de...	600	60 —
12.000	— État-Major de 800 à 1.200		12 —
»	Administration et frais de bureau....		3 —
512.000	titulaires.		250 millions
512.000	honoraires.		
1.024.000			

Le brevet de membre participant de la liste civile du peuple n'étant point décerné dans un but de luxe ou d'oisiveté, mais seulement d'encouragement au travail pour les classes les moins heureuses, il importait que le chiffre des allocations, tout en apportant une amélioration notable à l'existence du travailleur, restât néanmoins dans les bornes d'une sage modération. Il fallait aussi que le titulaire ne se crût pas arrivé du premier coup au pinacle de sa souveraineté, ce qui n'aurait abouti, après l'avoir sauvé du désespoir, qu'à le rejeter dans l'atonie.

Voici donc, avec les 250 millions du budget monarchique, une démocratie dotée, encouragée, élevée en dignité, et formant pour la défense de la République une armée de plus d'un million d'hommes. Croyez-vous qu'avec un tel rempart, la constitution de l'an III aurait eu rien à craindre ni des royalistes et *chouans*, ni des militaires, ni des *avocats*, ni des *pourris*, ni de tous ceux qui prirent leur part du coup d'État de Brumaire? Croyez-vous qu'en 1851 la représentation nationale eût été violée et la constitution abolie?...

Mais, m'objectera-t-on, votre *liste civile du peuple* n'est autre chose que l'exploitation des classes aisées par les maigres. Vous avez créé l'intérêt plébéien : où est maintenant l'intérêt bourgeois ? Croyez-vous à votre tour que la bourgeoisie subira sans murmurer cette liste civile énorme de 250 millions ? Vos brevetés et leurs familles ne forment après tout que le dixième de la nation : auraient-ils raison, en cas de révolte, des neuf autres dixièmes, désormais sans intérêt ? Souvenez-vous de juin 1848 !...

Ma réponse est prête, et j'ose me flatter que le lecteur la jugera sans réplique.

La stabilité de l'État et du gouvernement est un bien que la bourgeoisie apprécie encore mieux que le peuple, le plus grand de tous les biens. Ce bien ne saurait être obtenu gratuitement ; l'expérience nous l'a jusqu'ici trop prouvé : — je continue à raisonner dans l'hypothèse de nos quinze constitutions. N'est-il pas vrai qu'à l'heure où j'écris, cette stabilité, si précaire, nous coûte, pour ne parler que d'une seule catégorie de dépenses, les dépenses que j'appellerai de *Majesté*,

250 millions? Or, que fais-je autre chose que d'assigner un autre emploi à ces millions? La liberté, la sécurité, la stabilité, la propriété, la paix, garanties au prix de 250 millions, 2 p. 0/0 de préciput à prendre sur le produit national, en faveur des travailleurs les plus pauvres, les plus honnêtes, les plus intelligents, qui tous, le jour où ils recevraient leur brevet, compteraient quinze ans au moins de service effectif : qui donc oserait trouver que c'est cher ?

Pour le surplus, la bourgeoisie conserve la jouissance de ses biens et revenus, emplois, prérogatives, dignités et honneurs. Elle profitera la première des économies qu'il lui sera facile, à elle qui sait administrer et compter, de réaliser sur le budget. A cet égard, elle est sûre de ne plus rencontrer la moindre résistance dynastique. Avec une démocratie intéressée au maintien de la République et du gouvernement, fournissant un million d'hommes armés pour les défendre, plus besoin de police ; plus d'émeutes. Voulez-vous être en garde contre l'insurgence populaire ?

Prenez le peuple lui-même pour gardien. Diminution de la gendarmerie; liberté absolue de réunions, d'associations, de publications périodiques ou non périodiques. Sait-on ce que coûtent ces gênes ?... — Une démocratie ouvrière sera toujours moins belliqueuse, moins aventurière qu'une autocratie. Ce sont du premier coup 250 millions à épargner sur le budget de la guerre et de la marine, en ne réduisant l'armée permanente qu'à moitié; et, dans le cas où nous voudrions désarmer tout à fait, 500 millions. Une démocratie administrée par une bourgeoisie économe, défiante, qui n'aurait plus à craindre les révolutions d'en bas, ni à lutter contre l'initiative de la couronne, trouverait promptement le moyen d'amortir sa dette, sans recourir à la banqueroute : encore 500 millions à faire disparaître du budget. Je m'en tiens à ces observations. De quoi se plaindrait après cela la bourgeoisie devenue républicaine? Voulez-vous sérieusement entrer dans la voie des réformes, dans la voie du bon marché? Il faut savoir y mettre le prix. Cela pouvait sembler d'abord contradictoire : la bourgeoisie, après ce que je viens de dire, me comprendra.

Pourquoi, me dira-t-on encore, n'avez-vous pas proposé ce beau projet en 1848 ? — Eh ! s'il faut vous le dire, c'est que nous sommes, mes amis et moi, de vrais républicains, des républicains rigides et de conviction sincère ; c'est que nous concevons un état social où la stabilité du gouvernement ne coûtera rien, ou presque rien, pas plus que la circulation, le crédit, l'échange et l'assurance ; où la plèbe travailleuse n'aura besoin d'être intéresssée à la chose publique que par son travail même ; c'est que nous ne voulons d'aucune liste civile, pas même de celle du peuple; c'est que, tout en obéissant à la Constitution de 1848, nous n'en admettions pas la forme unitaire et indivisibiliste ; c'est, enfin, qu'exclusivement occupés à affirmer et à défendre le principe de mutualité, qui n'est autre que celui de fédération, contre les aberrations du communisme et du gouvernementalisme, calomniés dans nos intentions, dans nos idées, dans notre politique, nous devions nous garder sur toute chose de soulever, par de semblables propositions, avec les convoitises populaires, les fureurs de la bourgeoisie et l'indignation des honnêtes gens.

J'ai voulu, dans un examen des constitutions, démontrer par chiffres que la Constitution de 93, je choisis à dessein la plus mal famée, était tout aussi applicable qu'une autre : il eût suffi pour cela de savoir y intéresser la classe travailleuse et pauvre, en lui attribuant à elle-même la liste civile et toutes les dépenses qu'entraîne une monarchie. — Mais qui sait ? Il n'est pas sûr qu'en 1848, pas plus qu'en 1793, les travailleurs eussent accepté ce cadeau. Ils auraient fait de la générosité. Le peuple aime que ses représentants le représentent bravement ; ses régals, à lui, sont presque tous en idée. Il aime les largesses princières ; il ne recevrait peut-être pas volontiers, de la République, ni dotation, ni subvention, ni gratification, ni majorats, ni secours, ni pots de vin, ni suppléments de salaire. Il a sa délicatesse à lui, sa fierté. Quoi qu'il en soit, les temps de 1793 et 1848 sont passés ; ils ne reviendront plus, et c'est ce qui fait qu'aujourd'hui je puis me permettre toutes ces critiques. Mais, ô conservateurs aveugles et incorrigibles, rappelez-vous, de grâce, cette parole de la Bible : *Vous ne tenterez pas le Seigneur votre Dieu.*

CHAPITRE X

CRITIQUE DE LA CHARTE CONSTITUTIONNELLE, 1814-1830

La matrone de Smyrne, apologue parlementaire. — Juste-milieu équivoque, doctrine pédantesque, modération hypocrite, corruption voilée, austérité intrigante, mœurs de Jésuites, politique d'adultères, impuissance absolue.

Puisque, grâce au monopole de la presse, à l'ambition avocassière, à l'élasticité de la conscience de nos soi-disant démocrates, aux complaisances du gouvernement impérial, grâce enfin à la badauderie welche, nous voilà en train de revenir à ces fameuses institutions de Juillet, hâtons-nous, pendant qu'il en est temps encore, d'en dire tout le mal qu'elles méritent. Plus tard notre opinion, fort irrévérencieuse, nous serait infailliblement imputée à crime.

M. Thiers est certainement, de tous les partisans du système modifié en juillet, le plus sincère, comme il en est aujourd'hui le plus illustre. Je soupçonne bien entre nous qu'il n'y tient si fort que parce qu'il est l'auteur de la fameuse formule : *Le roi règne et ne gouverne pas.* Mais enfin un peu de vanité ne messied point à une conviction politique, et celle de M. Thiers est entière, ce qui la rend à nos yeux éminemment respectable. M. Thiers est l'homme qui a le plus fait pour la monarchie de Juillet, qui l'a le mieux connue, le mieux pratiquée, et qui la défend le mieux aujourd'hui. Eh bien ! M. Thiers lui-même a-t-il vu parfaitement clair dans les mystères de ce gouvernement selon son cœur, et si bien approprié à son génie ? En a-t-il senti l'immoralité essentielle ? Y a-t-il vu que ce n'était qu'une utopie, mille fois plus corruptrice, plus dangereuse par conséquent que celles de 1793 et 1804 ? Je demande pardon à l'inépuisable historien du *Consulat* et de l'*Empire* de mettre ainsi en doute la solidité de son jugement. M. Thiers dit, dans son histoire de Napoléon, qu'on a été injuste à l'égard de l'*Acte additionnel*; que cette 4e Constitution de l'Empire valait certainement mieux que la Charte de 1814 ; que, dans l'ensemble de ses dispositions, l'œuvre de l'empereur était plus libérale que celle de Louis XVIII. Et M. Thiers n'a pas même remarqué l'art. 18, qui crée les ministres d'État sans portefeuille, chargés de défendre devant les Chambres les actes du gouvernement ; il n'a pas aperçu cette invention dangereuse, destinée à annuler, au profit de la prérogative impériale, tous les effets du parlementarisme, invention qui, avec le système électoral renouvelé de l'an VIII, fait toute l'originalité de l'*Acte additionnel*, et que M. Thiers combat à outrance dans la Constitution de 1852, comme l'idée la plus antipathique à ses sentiments, à ses convictions les plus chères. J'ai donc le droit de supposer que M. Thiers, avec l'étourderie ou la pétulance d'esprit qu'on lui a tant reprochée, n'ait pas observé, avec une critique rigoureuse, la Charte de 1830, et qu'en cela il ne soit resté au-dessous de l'opinion, qui, longtemps avant 1848, sans philosophie, et avec la seule lumière du sens commun, avait condamné ce système. Qui a raison, en définitive, de l'opinion avant 1848, ou de M. Thiers faisant aujourd'hui tout ce qu'il peut pour amener l'opinion à se déjuger?

J'avais songé d'abord à faire un examen dans les formes de cette bascule dont il paraît que nous nous sommes décidément épris depuis que nous n'en jouissons plus, et qui forme à peu près tout le bagage de notre jeune Opposition. Mais j'ai réfléchi qu'une exposition de détail, quelque talent que je pusse y mettre, paraîtrait souverainement ennuyeuse; qu'un tel sujet était au-dessous de toute discussion philosophique, quelque peu prolongée ; qu'un système politique, inventé tout exprès pour le triomphe de la médiocrité parlière, du pédantisme intrigailleur, du journalisme subventionné, exploitant la réclame et le chantage ; où les transactions de conscience, la vulgarité des ambitions, la pauvreté des idées, de même que le lieu commun oratoire et la faconde académique, sont des moyens assurés de succès ; où la contradiction et l'inconséquence, le manque de franchise et d'audace, érigés en prudence et modération, sont perpétuellement à l'ordre du jour ; un pareil système, dis-je, se refuse à la réfutation, il suffit de le peindre. L'analyser ce serait le grandir, et, quoi que fît le critique, en donner une fausse idée. D'ailleurs, cette constitution rentre dans les autres ; puisque nous savons que toutes ensemble ne forment qu'un même cycle ; c'est un de ces moyens termes où se complaît la sagesse bourgeoise, et dont il suffit d'approcher tour à tour les extrêmes pour en faire apparaître aussitôt l'hypocrisie et le néant. Or, comme c'est justement ce que nous avons eu déjà mainte fois l'occasion de faire, que la même occasion se représentera encore, et que le masque nous est connu, contentons-nous, pour le moment, d'en tirer la photographie.

Autrefois vivait à Smyrne, sur la côte de l'Asie Mineure, une veuve jeune et belle, bien qu'il lui restât de son mari plusieurs enfants ; riche de plus, tant de la dot que lui avait constituée son mari, que de la tutelle de ses trois fils, et recherchée pour sa beauté et sa fortune par de nombreux prétendants. Toute la famille, les parents de son mari et les siens, lui déconseillaient le mariage. — « Qu'avez-vous à faire, lui disaient-ils, de convoler en secondes noces ? Une expérience conjugale de cinq années a dû faire évanouir vos rêves de jeunesse. Feu votre mari était un excellent homme : c'est pour cela que vous devez tenir à honneur de ne pas lui donner de remplaçant ; gardez pieusement sa mémoire. Il vous a laissé, par contrat de mariage et par testament, partie à titre de propriété, partie jusqu'à la majorité de vos enfants, la jouissance de tous ses biens, qui sont immenses. Cette jouissance, dont le quart suffirait amplement à vos besoins, vous assure, avec l'indépendance, une belle fortune, et ce qui vaut mieux, le respect et la déférence de vos enfants. Vous remplacez le chef de famille : quelle position pour une femme ! N'engagez pas cet avenir d'honneur, de dignité et de paix dans une alliance dont les avantages problématiques ne sauraient compenser pour vous les inconvénients manifestes. Une femme forte sait trouver son bonheur dans la loi que lui imposent ses devoirs, le soin de sa réputation et la Providence. Fuyez des joies qui ne sont plus faites pour vous. Votre défunt, exploitant [ses terres] par lui-même, avait réussi à en améliorer la culture et à augmenter d'autant son revenu. Mais que de travail ! que d'ennui ! Il est mort à la peine..... Soyez plus prudente : faites différents lots de vos domaines ; donnez-les à bail séparément ; laissez davantage aux fermiers afin de pouvoir compter sur leur exactitude ; abstenez-vous de prendre un homme d'affaires comme de vous donner un mari, et, digne mère, sainte veuve, occupez-vous uniquement de l'éducation de vos enfants. Iriez-vous, par un second mariage, leur retirer la plus grande part de votre affection, la meilleure place dans votre cœur ? Prenez garde, ce serait vous retirer à vous-même leur estime. Nulle alliance entre les enfants du premier lit et le nouveau possesseur. En leur donnant un beau-père, c'est vous qui seriez marâtre. L'heure de la sagesse a sonné pour vous ; ne vous en plaignez pas. Restez votre maîtresse, et, le cœur libre, la conscience pure aussi bien que le corps, faites votre félicité du noble rôle d'éducatrice et de mère-vierge. Vous ne trouverez rien qui lui soit comparable. » — Elle convenait de la justesse de ces raisons ; mais elle ne manquait pas non plus de prétextes. — « Une femme, répondait-elle, a toujours besoin de conseil et d'appui, le soin même de sa réputation l'exige. Si elle se remariait, ce serait surtout dans l'intérêt de ses enfants. Les économies qu'il lui était permis de faire pendant sa gestion de tutrice devaient un jour leur revenir : or, comment ne voyait-on pas que l'épargne de chaque année serait plus considérable, si la dépense domestique était partagée par un second époux, qui certainement n'entrerait pas dans son lit les mains vides. — Quant au défunt, elle ne pensait pas pouvoir l'honorer mieux que par le choix même de son successeur. Et une fois en possession d'un mari, elle ne disait pas en puissance, elle comptait bien, avec le concours d'un homme intelligent et dévoué, continuer l'exploitation avec plus de succès encore que son premier époux. On verrait alors de quoi elle était capable. » — La vérité était que, comme toutes les jeunes femmes qui ont tâté du mariage, et malgré sa double maternité, elle était, plus que jamais, amoureuse.

Parmi ses adorateurs elle avait distingué deux fort beaux hommes, de conditions différentes, mais qui se valaient. L'un était d'origine noble : sa taille haute et élégante, sa blonde chevelure, ses regards pleins de douceur, sa main aristocratique, la distinction de ses manières, son langage chatoyant, son titre surtout, flattaient l'amour-propre de la jeune veuve. L'autre, de sang plébéien, avait moins de brillant; mais son énergie passionnée, la fermeté de ses muscles, le timbre de sa voix, sa barbe noire et pleine de promesses, exerçaient une séduction irrésistible. Elle ne pouvait, en sa présence, se défendre d'un frisson délicieux. Les indifférents, il est vrai, ne voyaient pas ces deux personnages avec la même indulgence. Le premier, étranger au pays, passait pour avoir dissipé dans les folies de jeunesse la meilleure partie de son patrimoine; puis il avait couru le monde, et les aventures; sentant venir la maturité, il cherchait, par un mariage en bonne bourgeoisie, à faire une fin. Le second avait sa fortune à faire, et il marchait à son but avec l'âpreté d'un spéculateur sans frein ni vergogne. Pressée par les deux rivaux de se déclarer, la jeune femme ne savait que résoudre. Elle eût bien voulu, disait-elle en riant, les prendre l'un et l'autre !... Il fallut pourtant se décider : elle penchait en secret pour le brun ; ce fut le blond qui l'emporta. Qui lui faisait, demandez-vous, trahir ses sentiments intimes, le bonheur de sa vie, la sûreté de son honneur, peut-être ? Mystère du cœur féminin, que la vanité domine encore plus que l'amour. Elle jugea que le blond serait un mari plus maniable ; qu'il aurait meilleur air dans le monde, au bal, à la promenade ; puis, elle tenait à prouver aux médisants que la passion ne la dirigeait pas. Elle n'avait pu si bien se contenir qu'on ne devinât quelque chose de sa trop vive inclination : elle la sacrifiait vertueusement. Qui eût su lire au fond de son âme y aurait peut-être fait cette étrange découverte : elle avait parfaitement compris, se disait-elle, au point de vue de l'intérêt de ses enfants, qu'un homme d'affaires serait un meilleur administrateur qu'un gentilhomme ; et elle espérait, sans oser se l'avouer, que ce préféré de son cœur, en raison même de l'amour qu'elle lui avait laissé deviner, lui demeurerait fidèle. Après avoir fait le sacrifice qu'exigeait sa dignité, elle trouverait, dans le dévouement d'un honnête homme, la récompense de sa vertu. La femme que l'amour possède est un puits de coquinerie. Bref, tel fut son bon plaisir ; et rien ne put changer sa résolution.

Le mariage consommé, une effroyable haine s'alluma dans le cœur de l'amant éconduit. Il cria à la trahison et jura de se venger. — « Je la posséderai, dit-il, de gré ou de force, à la barbe de son mari. » — Aussitôt s'organise contre celui-ci tout un système de persécution sourde et de mauvais offices. On lui suscite des procès ; on excite contre lui ses paysans ; on débauche ses domestiques, on corrompt ses gens d'affaires ; on dévaste ses bois, on maltraite son bétail ; on le déconsidère dans le pays, on le perd dans l'opinion. S'agit-il d'une élection civique, il ne recueille jamais une seule voix. Elle, qui avait compté sur une existence entourée d'hommages, a le cœur percé de ces avanies, comme d'autant de flèches. Elle en sait la cause, mais elle ne peut faire confidence de son chagrin à personne, pas même à son mari, qui de son côté, muni de la procuration de sa femme et devenu le maître, se lance dans les entreprises, fait des acquisitions, étend le cercle de ses opérations, puis se console de ses mécomptes en se livrant, comme autrefois, à l'ivrognerie et à la débauche. De nouveau la parenté intervient, conseille une séparation, sinon de corps, au moins de biens, seul moyen, fait-on observer à la malheureuse, de ne pas tomber, sa tutelle finie, à la charge de ses enfants. — Mais elle : « Je n'ai point à me plaindre de mon mari, toujours plein d'attention pour moi ; quant à celui qui s'est fait notre ennemi, je sais trop d'où lui vient sa colère, et ne puis lui en vouloir. » D'une part, elle s'acoquinait à son mari ; de l'autre, elle savourait comme des marques d'amour les traits envenimés de celui dont elle avait rejeté l'ardeur. Jamais elle ne l'avait tant aimé.

« J'ai péché contre l'amour, se dit-elle enfin ; c'est à l'amour de me venir en aide. » — Elle envoya, avec de riches présents, consulter l'oracle de Vénus dans cette ville de l'Hellespont où la fameuse Héro, amante de Léandre, avait été prêtresse. — « La consultante, répondit l'oracle, n'a pour se tirer d'embarras qu'un moyen: c'est, en gardant son mari, de revenir à son amant. » — Qu'on juge de sa surprise ! Elle était honnête femme ; elle respectait trop son mari, ses enfants, sa dignité de mère de famille ; et pourtant la réponse de l'oracle lui descendit jusqu'au fond de l'âme. Ce qui distingue l'hypocrisie de la femme de celle de l'homme, c'est que celui-ci, quand il est seul, ôte son masque, tandis que la femme conserve le sien. Elle se ment à elle-même. — « Les oracles sont énigmatiques, se dit-elle ; je sais ce que j'ai à faire. » Elle mande auprès d'elle cet implacable persécuteur, lui adresse de tendres reproches, lui demande de quoi sont coupables envers lui son mari, ses enfants, se reconnaissant ainsi seule coupable ; réclame pour eux, non pour elle, sa bienveillance, donnant à entendre qu'elle se juge indigne de pardon ; enfin, lui arrache une promesse de réconciliation. Ce fut pour elle un jour de triomphe que celui où elle amena ces deux hommes, autrefois amis, à se donner la main. Elle avait donc fait par sa prudence plus que tous les conseils. Victoire de l'amour et de la vertu ! Que ne peut une femme charmante, en qui la sagesse égale la beauté? Elle fait fraterniser les rivaux, embrasser le lion et le dragon.

Toute la ville s'entretint de cette paix si délicatement demandée, si loyalement conclue. La gent lettrée, bohèmes et bas-bleus, invitée aux fêtes, célébra en vers et en prose cette noble femme, dont il fut parlé, en termes discrets, mais bien sentis, dans les journaux et jusqu'à l'Académie. Dieu sait pourtant de quel prix fut payé ce succès ! Trois jours ne s'étaient pas écoulés, que la condition imposée par l'oracle était remplie.

Mais ce fut bien une autre histoire. L'amant

était jaloux comme un tigre : il prétendait régner seul ; tous les jours il accablait de reproches sa maîtresse qui ne se pouvait résoudre ni à chasser son mari du lit conjugal, ni à le déserter elle-même. Adultère et polygame, elle tournait au vampirisme. De son côté le mari, indifférent autant qu'incapable, devenu l'obligé, le protégé, la créature de celui qui le déshonorait, s'affadissait de jour en jour et se plongeait dans la crapule. Parfois il semblait vouloir faire acte d'autorité, et menaçait de mettre son insolent rival à la porte. Mais ces colères ne tenaient pas: l'amant s'était peu à peu constitué intendant, régisseur, fournisseur, commissionnaire, banquier de la maison. Toutes les affaires passaient par ses mains ; il faisait les emprunts, achats, ventes et renouvellements, assisté en tout cela par la femme, qui admirait sa profonde habileté. Les propriétés, biens de mineurs, ne pouvant être engagées, on avait emprunté sur le revenu de dix ans. La subsistance de la famille dépendit alors de celui qui la dépouillait... C'était un enfer, un scandale qui faisait crier le pays.

Cependant les fils du premier lit devenaient grands et forts. — « Veux-tu, mère, lui disaient-ils, que nous te débarrassions de ces deux hommes? Nous commencerons par ton brun; celui-là jeté au fumier, l'autre ne nous pèsera guère. » — « Non, non, criait-elle désespérée. Que dirait-on de moi, grand Dieu ! Voulez-vous me déshonorer? » — Elle s'accrochait à son infamie, et, comme Phèdre, alléguait le *soin de sa gloire*.

Enfin, elle se résolut à consulter de nouveau l'oracle. Cette fois elle partit elle-même, s'arrêtant, le long du chemin, à toutes les chapelles élevées à l'Amour et à Vénus. — « Déesse, dit-elle, quand elle fut arrivée dans le sanctuaire, vous m'avez trompée. J'ai suivi votre conseil; j'ai tout sacrifié à l'amour, au plaisir ; et je suis plus malheureuse qu'auparavant. » « Tu t'es trompée toi-même, insensée, répondit sévèrement Vénus. Sache que les oracles ne révèlent aux mortels que ce que ceux-ci ont eux-mêmes conçu dans le secret de leur cœur. Tu as cherché l'adultère, tu en as joui. As-tu pu croire que

Vénus serait ta complice ? Mais c'est ainsi que vous calomniez vos dieux. Je suis, sous le nom de Vénus, la Justice, la Beauté et la Pudeur. Je n'eus jamais ni époux ni amant; Vulcain, Mars et Adonis ne me sont de rien. J'ai enfanté de moi-même, avant la naissance des hommes et des dieux, les Grâces, les Amours et les Vertus. C'est moi qui ai fait le monde, moi qui ai fondé la première société, et le dernier-né de mon sein est la Liberté. Et je vais être maintenant pour toi le Remords, qui te poursuivra sans relâche. Va, impure, et médite mes paroles. Ta honte ne sera effacée que le jour où tu consentiras à être fouettée en public par tes propres enfants. »

Mais rien ne put décider l'indigne créature à quitter ni son mari ni son amant. Le désordre et la gêne ne faisant que s'accroître ; les fils, qui avaient atteint leur majorité, réclamèrent leur héritage. Ce fut le signal de la débâcle. Au lieu d'économies, la tutelle avait fait des dettes énormes. La meilleure part du revenu était passée aux mains du régisseur : il était riche ; les deux époux expropriés, déclarés en faillite, se trouvèrent sans ressource. Elle quitta ce toit qui l'avait reçue vierge, où par deux fois elle était devenue mère, et s'en alla au loin, avec son mari imbécile, vivre de la pension que lui firent ses enfants. Comme elle avait vieilli dans la luxure, elle mourut dans l'ignominie. Personne n'assista à ses funérailles.

Je suppose, ami lecteur, que vous entendez de vous-même cette parabole ; je ferai cependant comme si vous aviez besoin d'interprète.. A l'occident de l'Europe, sous le climat le mieux tempéré de la terre, existe une nation nombreuse, également favorisée des dons de la nature et de l'esprit, sociable entre toutes, qui pendant un temps sembla destinée à servir aux autres de conseil et de modèle, et que l'on appela un jour la *Grande Nation*. Pendant huit siècles, de l'an 987 à l'an 1788, elle forma une monarchie qui ne cessa de prospérer et de s'accroître, lorsque tout à coup, devenue veuve de ses rois... Mais dans quelle narration vais-je me jeter ? D'élections, d'oppositions, d'éclipses, de serments et de paraboles, j'ai, comme Perrin-Dandin, la tête troublée, et ne sais comment dire ce que je veux dire. C'est pourtant une chose bien simple. Il y a une cinquantaine d'années environ, la France s'est mise au système constitutionnel. C'est-à-dire que, possédée jadis en régime de communauté par des rois de droit divin, ses seigneurs et maîtres, elle s'est, après un court veuvage, remariée en régime paraphernal, ce que l'on appelle charte ou constitution. Elle s'est donc constituée, comme jadis, en royauté, empire ou présidence ; le nom varie : on sait que la France a toujours raffolé des titres nobiliaires. Mais, en entrant en fonctions, le prince époux a dû agréer pour surveillant de sa gestion un ancien ami de cœur de sa femme, connu sous le nom ou sobriquet de *Démocratie, une et indivisible.* On avait bien dit à la veuve : Pas de secondes noces; demeurez libre ; gouvernez-vous, administrez-vous vous-même; et puisque votre domaine est si vaste qu'il dépasse les forces d'un homme, voire même d'une compagnie, divisez-vous par provinces, indépendantes, autonomes, reliées seulement entre elles par un lien fédéral. Surtout pas de dualisme; subissez votre chef, si vous ne pouvez vous en passer, et tâchez de vous entendre avec lui. Mais gardez-vous de lui donner un auxiliaire, gardez-vous d'introduire dans votre lit un amant, un adultère, qui serait pour vous un tyran pire que le premier. Ce serait tout à la fois votre ruine et votre honte... La France n'a tenu compte de l'avertissement. Elle s'est remariée, elle s'est donné un amant, et ses misères se sont multipliées comme ses fornications. Ainsi, *Monarchie* et *Démocratie*, éléments antagoniques, inconciliables : telle est la rivalité fatale, sur laquelle repose notre système ou ménage politique. Le prince jouit du titre conjugal et en exerce les droits ; la condition de la Démocratie représentée par une élite d'hommes choisis par le corps électoral, et qui se nomme Opposition, varie. Tantôt, commanditaire du prince, elle le force à rendre des comptes pénibles, lui impose sa direction, le chasse de sa maison et de son lit ; d'autres fois, l'époux outragé prend sa revanche, force la Démocratie à battre en retraite, laissant à peine à ses représentants quelques miettes d'amour insuffisantes pour leur robuste appétit. Depuis le 2 décembre, l'ami de cœur mangeait à la cuisine ; il vient de recevoir, à la suite des dernières élections, l'invitation de reparaître à la table des maîtres. Gare au patron ! Quoi qu'il arrive, il est clair que les deux rivaux poursuivant identiquement le même but, voulant absolument la même [chose], c'est-à-dire, posséder, à l'exclusion l'un de l'autre, et la femme et le bien, la France ne peut rien gagner au changement. Qu'elle se jette au cou de son mari ou à la tête de son amant ; qu'elle se partage entre les deux et essaye, en les comblant tour à tour, de les accorder, rien ne lui sert. C'est toujours sur ses revenus personnels que se prennent les frais des querelles et des réconciliations.

Que vous dirai-je plus ? Au lieu du seigneur unique qui posséda sa jeunesse et qu'elle appelait *Mon noble époux*, la France, avec son système de polyandrie constitutionnelle, s'est donné deux tyrans, elle s'est faite prostituée. L'adultère adopté comme adoucissement à l'autorité maritale et préservatif du divorce ; la promiscuité dans la famille politique, pour servir d'exemple aux familles particulières : tel est le système imaginé en 1791, inauguré en 1814, consolidé en 1830, et pour le rétablissement duquel la ville de Paris vient de donner 153,000 voix. Qu'en dites-vous, fiers démocrates ? Savez-vous ce que c'est que votre Opposition ? Un maquerellage. Si cet apologue ne vous paraît pas démonstratif, j'ai à votre service toute espèce d'arguments, de fait et de droit, péremptoires. Mais il faut auparavant que je vous prouve que je ne suis plus seul ; que les dix-huit protestants du 1er juin sont devenus *légion*, et que vous avez devant vous un parti décidé à vous rayer du dictionnaire politique.

(*Le manuscrit est resté inachevé.*)

LETTRE

A MONSIEUR ROUY

RÉDACTEUR EN CHEF DE *la Presse*

LETTRE

A MONSIEUR ROUY

RÉDACTEUR EN CHEF DE *la Presse*

Paris, 29 Mai 1863.

MONSIEUR LE RÉDACTEUR,

Je m'étais promis de ne prendre aucune part au débat électoral. J'ai exprimé ma pensée sur ce sujet dans un écrit rendu public, et l'état de ma santé me rend en ce moment le travail de l'esprit à peu près impossible. Les derniers articles de M. de Girardin, publiés dans vos numéros d'hier et d'avant-hier, sur l'abstention, m'obligent à faire sur moi-même un effort, et à rompre le silence.

Après avoir reconnu (voir *la Presse* du 23 mai),

qu'il y avait, préalablement au vote, *deux grandes, deux belles questions à débattre*, 1° la question d'abstention, 2° la question de savoir de quels perfectionnements le suffrage universel est susceptible, M. de Girardin s'est laissé emporter jusqu'à l'insulte contre les abstentionnistes, qu'il traite *d'esprits faux* et *farouches, d'eunuques politiques, de révolutionnaires, de sectaires*, et dont il qualifie la conduite d'*intolérante*, de *fanatique* et de *lâche*. Pourquoi ce débordement d'injures? C'est ce que la discussion nous révélera.

Mais d'abord à qui la faute si ces deux *grandes et belles* questions, qui, pour le dire en passant, n'en font qu'une, n'ont pas été traitées? Ma brochure sur le suffrage universel (*les Démocrates assermentés*), dans laquelle se trouve exposée au long la double question des perfectionnements dont le suffrage universel est susceptible, et, en attendant, de la nécessité de s'abstenir, a paru le 20 avril. Tous les journaux l'ont reçue ; M. de Girardin a pu la lire : pourquoi n'a-t-il pas commencé le débat? Les abstentionnistes ne disposent d'aucun journal ; pourquoi *la Presse, le Siècle, l'Opinion nationale*, *le Temps*, ne nous ont-ils pas offert leurs colonnes? — La déclaration ou protestation abstentionniste, adressée *Aux Électeurs démocrates*, est du 17 mai ; il restait treize jours avant le scrutin : pourquoi ces mêmes journaux en ont-ils refusé l'insertion? — Contre cette déclaration une note a été publiée, dans tous les journaux de la coalition, par les auteurs du *Manuel électoral*, alléguant l'illégalité et l'inefficacité du bulletin blanc : pourquoi encore, lorsque les signataires de la déclaration eurent envoyé leur réplique, la *Presse* seule, sans égard au droit de réponse, a-t-elle persisté dans son refus d'insertion? On a tout fait pour étouffer notre voix ; et voici que, le 28 mai, trois jours avant les élections, M. de Girardin se faisant notre calomniateur conclut contre nous en disant : Votons; pour discuter il est trop tard !... Cette manœuvre sera jugée, ou je ne pourrai ; et ce ne sera pas à l'honneur de M. de Girardin. Quant à présent, il suffit que je la dénonce.

M. de Girardin se permet d'écrire, d'un air gouailleur : « Les abstentionnistes qui s'agitent ;

» les abstentionnistes qui comitaillent ; les abs-
» tentionnistes qui entassent circulaires sur cir-
» culaires, articles de journaux sur articles de
» journaux pour empêcher qu'on ne vote, etc. »
— La vérité, M. le rédacteur, est que nous sommes les plus tranquilles du monde ; nous ne nous agitons point ; nous ne formons pas de comité ; bien moins encore sommes-nous une société secrète. Seulement nous nous sommes trouvés DIX-SEPT, dix-sept citoyens venus des divers points de l'horizon politique, les uns appartenant au passé et représentant la tradition démocratique, les autres tournés davantage vers le progrès, qui pour la plupart ne s'étaient jamais vus, et dont la moitié s'est réunie une fois, les autres ayant envoyé leur adhésion écrite ou verbale. Il faut, en vérité, que les candidatures démocratiques soient bien malades, pour que l'on crie aujourd'hui à la grande conspiration des abstentionnistes. Nos publications se bornent, comme j'ai dit, à trois ; une brochure, une protestation, et une réplique en quarante lignes. Notre action n'est pas allée au delà. Il faut que cette action soit bien puis-

sante, pour qu'elle ait ému le barreau, l'atelier, la bourse, l'Église, et la cour, et la ville ; pour qu'on amasse contre nous tant de foudres, qu'on excite tant de colères !

Oui, nous votons par bulletin blanc, et nous soutenons que le respect des principes, la religion du serment, commandent à la démocratie de faire de même ; oui, nous affirmons que ce mode d'abstention, dûment motivé, parfaitement *légal*, est encore de l'*action au plus haut degré.* A-t-on réfuté les considérations de droit sur lesquelles se fonde notre thèse ? Non ; tout le monde en reconnaît l'évidence : sur ce point il n'y a qu'une voix. Nie-t-on les raisons de fait qui viennent à l'appui ? Mais tout le monde est témoin des faits; ils crèvent les yeux ; on peut les résumer en un mot : Le suffrage universel, dirigé par le gouvernement, étranglé par les journaux du monopole d'accord avec les députés sortants, ne jouit pas de toute son indépendance. Sur quoi donc se fonde M. de Girardin pour nous combattre, nous qui, par dignité démocratique et par mesure de sauvegarde, recommandons aux électeurs démocrates de voter par bulletin blanc? C'est, dit-il d'un côté avec MM. E. Ollivier, J. Simon prêchant pour leur propres candidatures, que l'abstention est de l'inaction; que qui s'abstient s'annule, etc.; — d'autre part avec les piteux auteurs du *Manuel*, plus soucieux en ce moment de leur autorité de légistes que du droit démocratique, et pour qui une restriction de plus au suffrage universel serait un bénéfice, que le vote par bulletin blanc est illégal. Voilà pourquoi on nous accuse d'intolérance, de fanatisme, de lâcheté. Faisons une dernière fois justice de ces misérables allégations.

Je dis en premier lieu que l'abstention est un acte éminemment conservatoire. La démocratie est en ce moment dans la position du plaideur envers qui les règles de la procédure ne sont pas observées, pour qui faire défaut est devenu la dernière ressource. Les avocats, auteurs du *Manuel*, nient-ils l'utilité du défaut? Tous les jours, en matière civile, commerciale, criminelle, ils le conseillent à leurs clients. Oseraient-ils soutenir, ces profonds jurisconsultes, qu'entre le particulier, plaidant pour sa liberté, son honneur, sa propriété, et le citoyen appelé à se prononcer sur la politique du gouvernement, il n'existe aucune parité ? Je m'engage alors à leur faire voir que toutes les règles de la procédure, civile et criminelle, sont une déduction des garanties politiques qu'en tout état libre la Constitution assure aux citoyens.

J'ajoute que l'abstention, partant le billet blanc qui en est la forme aujourd'hui recommandée, est légale. La preuve en est, 1° que le vote n'est pas obligatoire; 2° que dans le cas où l'électeur se décide à voter son choix reste libre; 3° que le scrutin est secret; 4° qu'aucune peine n'est édictée contre celui qui s'abstient et ne peut l'être; 5°, enfin, comme l'a dit notre ami Chaudey dans sa réplique à la note des avocats, qu'il peut, en certains cas, y avoir plus d'avantage pour l'électeur qui vote, à manifester son doute, sa répugnance, à protester par le dépôt d'un billet blanc, qu'à répondre *oui* ou *non* [sur la question] qui lui est insidieusement posée, ou à se prononcer entre Pierre et Paul. Les auteurs du *Manuel* se tiendront-ils pour satisfaits? Qu'ils élèvent une objection, et je leur promets d'en faire sortir une nouvelle preuve.

Le cas où l'électeur a plus d'avantage à voter par billet blanc est-il, comme nous le pensons, celui qui se présente aujourd'hui? — L'abstention alors est de l'action au suprême degré; elle l'emporte en énergie sur le vote effectif, quel qu'il soit : car elle a pour but de poser, préalablement à toute élection, cette question *grande* et *belle*, celle de savoir *quels perfectionnements doivent être apportés au mécanisme du suffrage universel*, pour qu'il fonctionne d'une manière normale.

C'est en vain que M. de Girardin nous crie, citant M. Dupanloup et ses six confrères dans l'épiscopat : *Vous n'empêchez rien en ne votant pas, et vous abandonnez tout; vous vous plaignez qu'on n'y voit pas clair; y verrez-vous davantage quand vous aurez fermé les yeux*, etc., etc. Monseigneur d'Orléans est un excellent rhétoricien ; malheureusement, il n'est pas à la question.

Je réponds aux sept prélats, qu'en m'abstenant je ne cède rien; qu'au contraire je réserve et conserve tout ; qu'ici le moyen de vaincre l'*arbitraire* n'est pas de s'en faire, par une lutte intempestive, et contre soi-même, l'auxiliaire ; mais de le laisser s'user dans sa propre action. Et pour revenir à ma comparaison de tout à l'heure entre le particulier qui plaide et l'électeur qui vote, je demande depuis quand le plaideur qui fait défaut est censé abandonner son droit : n'est-ce pas justement le contraire qui a lieu ? Combien se sont sauvés par le défaut, qui se seraient infailliblement perdus par le débat ! Si le malheureux Lesurques avait pu faire défaut en donnant caution et restant prisonnier jusqu'à ce que la vérité se fût manifestée, il aurait sauvé sa tête; et sa famille ne plaiderait pas pour obtenir sa réhabilitation. On ne lui opposerait pas la chose jugée.

Au reste, M. Dupanloup et ses collègues en parlent à leur aise quand ils nous exhortent à voter. Pour l'Église contemporaine, bien différente en cela de l'Église du moyen âge, de même que pour M. de Girardin et ses pareils, tous les gouvernements sont égaux et se valent, depuis l'autocratie jusqu'à la fédération. L'indifférence en matière de droit public, par suite, la promiscuité des principes et des opinions : voilà leur dogme. Que leur importe un peu plus, un peu moins de gêne dans les opérations du suffrage universel ? Ils ont en horreur la démocratie, et ses aspirations, et ses principes ; ils ne comprennent rien à nos scrupules. Aussi ne devons-nous négliger rien de ce qui peut contribuer à bien définir notre position et notre idée. Tandis que le gouvernement, suivi par l'épiscopat, soutenu par une majorité conservatrice et réactionnaire, et par une partie de la démocratie elle-même, ne voit dans le suffrage universel qu'un instrument politique, dangereux à manier, et qui réclame la haute direction du Pouvoir ; à nos yeux le suffrage universel, organisé selon sa loi, est la constitution même de la démocratie. Nous ne pouvons et ne devons rien souffrir qui y porte atteinte : l'inviolabilité du suffrage universel est le palladium de la liberté. A ce propos nous dirons avec Bossuet qu'*il est des principes contre lesquels tout ce qui se fait est nul de soi*, ajoutant qu'au nom de ces principes nous plaçons les formes, conditions et garanties du suffrage universel.

Que répondrait M. Dupanloup, si on lui proposait de voter pour la formation d'un concile composé du clergé de tous les cultes, et ayant pour mission de fusionner toutes les religions en une seule ? M. Dupanloup répondrait qu'il n'y a pas de transaction possible entre la religion catholique, qui est vérité, et le protestantisme, le judaïsme, le mahométisme, etc., qui sont erreur. Il déclarerait son abstention, et personne n'y trouverait à redire. Nous sommes dans notre conviction politique ce qu'est M. Dupanloup dans sa foi religieuse. Nous pensons que de toutes les formes de gouvernement une seule est vraie, et que cette forme est précisément celle qui résulte de la constitution ou organisation du suffrage universel. De cette constitution tout découle : droit public, administratif, civil, économique, criminel ; la politique, la famille et la propriété.

Ceci posé, nous nous refusons formellement à tout procédé arbitraire, et si quelque chose nous fait horreur, c'est cette indifférence des formes gouvernementales, ce sont ces alliances d'opinions incompatibles, ces associations de suffrages, que professent des hommes d'intelligences et d'écoles aussi diverses que MM. de Girardin, de Montalembert et Dupanloup.

Appelez-nous maintenant *sectaires*, *révolutionnaires*, si vous voulez. Ces noms ne nous effraient pas, pourvu qu'on les définisse. Sans doute nous sommes une secte, secte née d'hier, et pour ainsi dire à notre insu; car nous sommes en minorité infime, et il y a quelque chose en nous qui nous distingue de la masse, et qui consiste en ce que nous avons reconnu nos principes, que nous affirmons la constitution de la démocratie, et que nous ne rougissons pas du suffrage universel. Nos adversaires n'en sont pas là, eux qui n'ont ni principes, ni conscience politique, qui ne croient pas plus au suffrage universel qu'au droit divin ou à la monarchie constitutionnelle. Sans doute encore nous sommes révolutionnaires : tous les fondateurs d'État l'ont été, au moins pendant le temps qu'ils ont mis à s'établir ; et heureux le peuple quand le Pouvoir initiateur ne prolonge pas sans nécessité sa dictature ! Le gouvernement, dis-je, est révolutionnaire, toutes les fois que, sorti d'une ruine, il est forcé d'agir à l'encontre du principe démoli en vertu du principe que lui-même est appelé à instituer, et qu'il n'a pas eu le temps de poser en loi. C'est ainsi que l'Assemblée constituante, en 1789, fut révolutionnaire; la Convention, le Consulat, la Restauration, la monarchie de Juillet le furent aussi; la République de 1848 ne l'a pas été du tout, elle n'avait pas reconnu son principe, et son ignorance l'a tuée. Le 2 Décembre, enfin, a été révolutionnaire, il l'a été trop longtemps... Et nous à notre tour, nous qui nous abstenons, nous serons révolutionnaires : mais soyez tranquilles, M. de Girardin, M. de la Guéronnière, et vous tous qui feignez la terreur, nous ferons vite et ne vous ferons pas languir.

Que dirai-je du serment ? Pour MM. de Girardin, Dupanloup et autres, gens faisant profession d'indifférence politique, le serment n'a pas de sens, il est sans portée. Qu'y risquent-ils ? Leur serment tiendra tant que tiendra le gouvernement auquel ils l'ont prêté, et qu'ils n'entendent nullement renverser, pas plus qu'ils ne lui apportent de garanties. Vis, si tu peux, lui disent-ils ; défends-toi toi-même : nous nous en lavons les mains !... Pour nous, qui croyons posséder dans le suffrage universel organisé la vraie constitution de la démocratie ; qui de nos vœux, de nos travaux, de tous nos efforts, tendons à la réalisation de notre idée ; nous que la foi à des principes oblige à prévoir le cas où le serment prêté au prince deviendrait incompatible avec les œuvres que cette foi nous commande, nous nous refusons au serment. Prêté par nos mains, le serment serait apostasie ou parjure ; nous ne saurions échapper à ce dilemme.

Certes l'abstention nous éloigne pour le moment, pour longtemps peut-être, du Pouvoir et de ses avantages. Les honneurs de la députation et tous les bénéfices du ralliement ne sont pas pour nous. La popularité elle-même nous fuit : la génération contemporaine, en masse, est entrée dans une voie qui n'est pas la nôtre. Nous succomberons à la tâche avant que se lève l'aurore que nous avons rêvée. Soit. En avant sans espérance et même contre l'espérance. Nous resterons fidèles à notre passé, à notre religion politique, à nous-mêmes. Nous penserons à nos frères morts dans l'exil, les prisons, sur les barricades ; nous embrasserons leur cendre, et nous dirons, comme les Juifs du temps des Macchabées : Mourons dans notre simplicité, *Moriamur in simplicitate nostrâ!..*

Mais que dis-je ? Ne sommes-nous pas déjà récompensés par l'anathème que fulminent contre nous M. de Girardin et les autres, à qui notre abstention, cette abstention qu'on accuse d'inertie, d'impuissance, de suicide, fait si rudement échec ?

Des intrigants, sans mandat, ont entrepris, pour leur propre fortune, de marier l'Empire à la Démocratie de 1848. Les conditions du contrat devaient être, à les entendre, une liberté honnête et modérée, une centralisation modérée, un impôt modéré, bref, toutes les joies du modérantisme. C'est ce qu'ils appellent, eux, le couronnement de l'édifice. Eux devenus ministres, il estimaient que la démocratie devait se tenir pour satisfaite.

Pour cela il fallait deux choses : faire voter comme un homme, sans abstention ni réserve, cette nouvelle démocratie; l'engager par le serment de ses candidats. Tout était prêt pour la cérémonie : les paranymphes ou garçons d'honneur avaient mis leurs plus belles robes; ils avaient fait leur compliment au futur époux, et posé leurs candidatures, quand tout à coup une voix se fait entendre : Cela ne se peut pas, s'écrie un petit groupe auquel personne ne prenait garde, cela ne sera pas. Il y a empêchement au mariage, et empêchement dirimant. D'abord, la fille n'est pas libre ; puis, elle a fait vœu de virginité.

Et voilà le mariage rompu, au grand désappointement de M. de Girardin et de ses acolytes. Désavoués des deux parts, les entremetteurs sont réduits à proposer une union libre, révocable à la volonté des parties, sorte de mariage morganatique, entre l'Empire et la vieille société de la rue de Poitiers qui, en 1848, prodigua ses sourires à Louis-Napoléon et s'en vit, un an après, si outrageusement dédaignée. C'est pour cela que

M. de Girardin, après avoir donné le baiser de réconciliation à M. Carnot et à sa coterie, embrasse aujourd'hui avec effusion (voir *la Presse* de ce jour, 29 mai) MM. Odilon-Barrot et Thiers. Les députés soi-disant démocrates, au nombre d'une demi-douzaine si la fortune du scrutin les favorise, assisteront au coucher de la favorite ; ils tiendront la chandelle.

Faites votre office de proxénète, M. de Girardin, mettez en rut la multitude électorale; appelez, appelez sur votre liste le flot des bulletins. Mais abstenez-vous de traiter *d'eunuques* les citoyens dont l'inflexible *veto* vient de faire avorter votre honnête projet. Les eunuques, sachez-le, sont ceux dont la médiocrité vaniteuse est prête à s'associer à tous les régimes ; qui se vantent de leur républicanisme pour donner plus de prix à leur ralliement, et en qui le serment, prêté par eux ou conseillé aux autres, a hongré la conscience. Ah ! vous accusez l'abstention d'impuissance ! Eh bien, allez, si vous l'osez, trouver M. de Persigny, qui ne vous a pas donné mandat ; dites-lui qu'il a tort de s'effrayer de la candidature de M. Thiers; que vous lui apportez en compensation les suffrages de MM. Carnot, Corbon, Vacherot, Jules Simon, Marie, Pelletan, F. Morin, E. Ollivier, J. Favre, Dréo, Clamageran, Floquet, Hérold, Guéroult, Havin, Nefftzer : mais ne vous vantez pas d'avoir conquis au système impérial notre jeune démocratie. L'unanimité est ici de rigueur; et il y a protestation publique. Quant à cette multitude qui, trompée par vous, désorganisée, bâillonnée, le bandeau sur les yeux, se précipite vers les urnes, elle est inhabile à consommer l'œuvre à laquelle vous la conviez. Elle ne peut ni transiger, ni compromettre. Nous qui agissons en connaissance de cause, nous invalidons, par notre abstention réfléchie, tous ses votes. Les bulletins dont vous allez faire le dépouillement, quel qu'en soit le nombre, n'auront pas plus de valeur que la flamme des lampions qu'on allume dans les fêtes publiques, et qui sans conséquence pour leur dignité de lampions, remplis de graisse par des mains mercenaires, brûlent, un jour pour le roi, le lendemain pour la république, et le troisième jour pour l'empereur.

Quant au reproche de *lâcheté*, articulé par M. de Girardin, qui ose nous demander pourquoi, à l'exemple des Polonais, nous ne nous insurgeons pas, je crois inutile de le relever. M. de Girardin, dans l'intempérance de sa faconde, ne s'est pas aperçu qu'il faisait à notre égard une chose odieuse, de la provocation. Il en est quelques-uns parmi nous, il faut le reconnaître, qui ont fait leurs preuves, et qui, le cas échéant, seraient encore capables de payer de leurs personnes ; les autres suivraient, dans la mesure de leurs moyens. Mais à chaque jour son sacrifice. Nous sommes dix-sept, de vingt à soixante-dix ans. Qu'il nous soit permis de demeurer retranchés dans notre for intérieur ; là nous sommes inviolables et invincibles.

Je vous salue, Monsieur le rédacteur, bien sincèrement.

P.-J. PROUDHON.

TABLE DES MATIÈRES

AVERTISSEMENT.. I

AVANT-PROPOS.. 1

CHAPITRE PREMIER. — Une nation qui se déjuge........ 7

CHAPITRE II. — Immolations dynastiques.............. 27

CHAPITRE III. — Les quinze constitutions du peuple français : préludes de la seizième. — L'Europe et l'Amérique en travail de constitutions et de réformes. — Malaise universel.. 53

CHAPITRE IV. — Critique générale des constitutions.

Série historique et série logique. Extrêmes et moyens. Découverte du cycle constitutionnel. — Perpétuité de changement. Instabilité constante.. 71

CHAPITRE V. — Critique générale des constitutions.

De l'unité et de l'indivisibilité organique : formule, conditions et limites de cette loi. Application à l'ordre politique. Grave erreur des publicistes, hommes d'État et auteurs de constitutions à ce sujet : exagération unitaire........................ 105

CHAPITRE VI. — Critique générale des constitutions.

Comment, par l'exorbitance de l'unitarisme, l'équilibre politique est rompu, l'État et la société livrés à l'antagonisme. — Examen des moyens proposés pour le rétablissement de cet équilibre : révision ou perfectionnement des constitutions; souveraineté collective, division des pouvoirs, organisation municipale. Vanité de tous ces palliatifs.......... 123

CHAPITRE VII. — Critique de la constitution de 1804, autocratique.

Que la centralisation, en méconnaissant la souveraineté des groupes, se réduit à une fiction, qui ne subsiste momentanément que par la complicité des groupes eux-mêmes. — Du principe dynastique dans les constitutions modernes. Définition de la *tyrannie*.............................. 147

CHAPITRE VIII. — Critique de la constitution de 93.

De la production du SOUVERAIN dans la démocratie, en autres termes, du système électoral ou suffrage universel. Tableau des systèmes électoraux proposés et appliqués depuis 89 jusqu'à nos jours. Ces systèmes, contraires les uns aux autres et incompatibles, forment une série parallèle à celle des constitutions. Idée d'une synthèse représentative.................................... 169

CHAPITRE IX. — Continuation du même sujet : Critique de la constitution de 93.

Contradiction essentielle entre le principe de la souveraineté du peuple et celui de sa représentation. Abdication nationale par le suffrage universel. Pourquoi le système démocratique est plus instable qu'aucun autre. La multitude désintéressée du gouvernement. — Hypothèse d'une liste civile populaire.. 193

CHAPITRE X. — Critique de la charte constitutionnelle, 1814-1830.

La matrone de Smyrne, apologue parlementaire. — Juste-milieu équivoque, doctrine pédantesque, modération hypocrite, corruption voilée, austérité intrigante, mœurs de Jésuites, politique d'adultères, impuissance absolue 219

Lettre à Monsieur ROUY, rédacteur en chef de *la Presse*. 241

FIN DE LA TABLE DES MATIÈRES

LITTÉRATURE ET BEAUX-ARTS

Abbé*** (l'). — Le Maudit. 11e édit. 3 vol. in-8. . . . . 15 fr.
— La Religieuse. 11e édit. 2 vol. in-8. . . . . 10 fr.
— Le Jésuite. 7e édit. 2 vol. in-8. . . . . 10 fr.
— Le Moine. 4e édit. 1 vol. in-8. . . . . 5 fr.

Ainsworth (Harrison). — Guy Fawkes, ou la Consp'ration des poudres. 2 vol. . . . . 1 fr.

Alarcon (A.-P. de). — Le Finale de Norma. Nouvelle traduite de l'espagnol par Charles Yriarte. 1 vol. in-18. . . . . 3 fr.

Alby (Ernest). — La Captivité du trompette Escoffier. 2 vol. in 18. 1 fr.

Almanach de Mathieu de la Nièvre. Indicateur du temps pour 1867. Indispensable à tout le monde. Rédigé par les principaux savants, écrivains et tous autres gens de bonne volonté. Orné de vignettes par les premiers artistes. In-32. . . . . 50 c.

Amour et controverse. 1 vol. in-8. . . . . 5 fr.

Andrieux. — Poésies. 1 vol. . . . . 1 fr. 50
— Épître au pape. 1 vol. . . . . 30 c.

Aubertin (G.-H.). — Grammaire moderne des écrivains français. 1 vol. in-8 compacte. 6 fr.
— Petite Grammaire moderne, ou les Huit Espèces de mots. 1 vol. in-12. . . . . 1 fr.

Auerbach (Berthold). — Au village et à la cour. Roman traduit de l'allemand, par Mlle Mina Round. 2 vol. in-18. . . . . 6 fr.

Bancel (D. . — Harangues et Commentaires littéraires et philos phiques sur la littérature française. 3 vol. in-8. . . . . 15 fr.

Baron (A.). — Caius Julius Cæsar, ad opt mas editiones rec nsitus, cum commentario integro Jer. Jac. Oberlini, et selectis Oudendorpii, Achainterii variorumque notis. 2 vol. in-8. . . 3 fr.
— La Mosaïque belge. 1 vol. in-18. . . . . 1 fr.
— Poésies militaires de l'antiquité, ou Call nus et Tyrtee; ouvrage trad. en vers français, avec notices, commentaires et traductions en v rs latins, an lais, itali ns, a lemands et hol anaais. 1 vol. in-8. . . . . 2 fr.
— Ré umé de l'h stoire de la littérature franca e. 1 vol. in-18. 1 fr.

Bécart (A.-J.). — Précis d'un cours complet de rhétorique française. 1 vol. in-8. . . . . 2 fr.

Belmontet (L.). — Poésie des larmes. 1 vol. in-18. . . . . . . 3 fr.

Berend (Michel). — La Quarantaine. 1 vol. in-18. . . . . . . 3 50

Berthet (Elie). — La peine de mort ou la route du mal. Roman. 1 vol. in-18. . . . . 3 fr.

Biagio Miraglia. — Cinq Nouvelles calabraises. 1 vol. 3 fr. 50

Blum (Ernest). — Entre Bicêtre et Charenton. Avec une préface de M. Henri Rochefort. 1 vol. in-18. . . . . 3 fr.

Bonau (Filip). — Les Vengeurs, roman-drame en vers, précédé d'une lettre de M. A. de Lamartine. 1 vol. in-8. . . . . 6 fr.

Breteh (Mme de). — Gabrielle. Les Pervenches. 1 vol. in-18. . 3 fr.

Castelnau (A.). — Zanzara, ou la Renaissance en Italie, roman historique. 2 vol. Charpentier. . . . . 7 fr.

Catalan (E.). — Rime et Raison, ou Proverbes, apophthegmes, épigrammes et moralités proverbiales. Choisis et mis en vers. 1 vol. élégant in-32. . . . . 2 fr.

Chassin (C.-L.) — Le Poëte de la Révolution hongroise, Alexandre Petœfi. 1 fort vol. Charpentier. . . . . 3 fr. 50

Chateaubriand (De . — Atala. — Réné. 1 vol. in-18. . . . . . 1 fr.

— Essai sur la littérature anglaise. 2 vol. in-18. . . . . 2 fr.

— Moïse. Tragédie. 1 vol. in-18. . . . . 50 c.

— Le Paradis perdu de Milton. 2 vol. in-18. . . . . 2 fr.

— Mélanges littéraires. 1 vol. in-32. . . . . 50 c.

— Les Natchez. 2 vol. in-32. . . . . 1 fr.

Chavée. — Essai d'étymologie, ou Recherches sur l'origine et les variations des mots qui expriment les actes intellectuels et moraux. 1 vol. in-8. . . . . 2 fr.

Chènier (Marie-Joseph). — Poésies. 1 vol. . . . . 2 fr.

Claude (F.). — Le Roman de l'Amour. 2e édit. 1 vol. in-18. . . 3 fr.

— Les Psaumes. Traduction nouvelle. 1 vol. in-18. . . . . . 3 fr.

Contes de la sœur Marie. — Traduits de l'anglais. 1 vol. in-18, orné de vignettes. . . . . 1 fr.

Constant (Benjamin). — Mélanges de littérature et de politique. 1 vol. in-18. . . . . 1 fr.

Conversations d'un père avec ses enfants. — Traduit de l'anglais. 2 vol. in-18, ornés de gravures. . . . . 2 fr

Curtis (G.-W.). — Rêveries d'un Homme marié. 2 vol. in-32. 2 fr. 50

Damoclès. — Le Dernier Misérable. 2 vol. in-8. . . . . 12 fr.

Dérisoud (Ch.-J). — Les Petits Crimes. 1 vol. in-18. . . . . . 3 fr.

Désaugiers. — Chansons et Poésies. 1 vol. . . . . 3 fr.

Desbarolles (A.) — Le caractère allemand expliqué par la physiologie. 1 vol. in-18. 3 fr.

Dialogues extravagants. 1 vol. in-18. . . . . 2 fr.

Dœring (H.). — Mozart, sa biographie et ses œuvres. 1 v. in-18. 1 f. 25

Dollfus C.). — Mardoche. La revanche du hasard. La Villa. 1 vol. in-18. . . . . 3 fr.

Dora d'Istria (Mme la princesse). — Des Femmes, par une femme. 2 beaux vol. in-8. . . . . 10 fr.

Ducondut (A.). — Juvenilia virilia. Poésies. 1 vol. in-18. . . 3 fr.

Dumas (Alexandre). — Les Crimes célèbres. Nouvelle édition. 4 vol. in-18. . . . . 8 fr.
— Les Borgia. — La Marquise de Ganges. — Les Cenci. 1 vol. in-18. . . . . 2 fr.
— Marie Stuart. — Karl Ludwig Sand. — Murat. 1 vol. in-18. 2 fr.
— Massacres du Midi. — Urbain Grandier. 1 vol. in-18. . . 2 fr.
— La Marquise de Brinvilliers. — La Comtesse de Saint-Géran. — Jeanne de Naples. — Vaninka. 1 vol. in-18. . . . . . 2 fr.
Ellerman (Charles-F.). — L'Amnistie, ou le Duc d'Albe dans les Flandres. Traduit de l'anglais. 2 vol. in-12. . . . . 2 fr.
Emerson (R.-W.). — Les Représentants de l'humanité. Traduit de l'anglais, par P. de Boulogne. 1 vol. in-18. . . . . . 3 fr. 50
— Les Lois de la vie. Traduit par Xavier Eyma. 1 v. in-18.. 3 fr. 50
— Essai sur la nature. Avec une étude sur la vie et les œuvres d'Emerson. Traduit de l'anglais par X. Eyma. 1 v. in-18. 3 50
Ferrier. — La Russie. 1 vol. in-18.. . . . . 1 fr.
Fétis. — La musique mise à la portée de tout le monde. Exposé succinct de tout ce qui est nécessaire pour juger de cet art et pour en parler sans l'avoir étudié. Dernière édition, augmentée de plusieurs chapitres et suivie d'un dictionnaire des termes de musique et d'une biographie de la musique. 1 vol. in-18 de 448 pages. . . . . 2 fr.
Fould (fils). — L'Enfer des Femmes. 1 vol. in-12. . . . . . . 3 50
Galerie des femmes de George Sand, ornée de 24 magnifiques portraits sur acier gravés par H. Robinson, d'après les tableaux de Mme Geefs, MM. Charpentier, Lepaulle, Gros-Claude, Giraldon, Lepoitevin, Biard, etc., avec un texte, par le bibliophile Jacob, illustré de vignettes dessinées par MM. Français, Nanteuil, Morel-Fala, et gravées par Chevin. 1 vol. in-4. . . . 20 fr.
Garcin (Mme Eugène). — Léonie, essai d'éducation par le roman, précédé d'une lettre de M. A. de Lamartine. 3e édit. 1 vol. Charpentier. . . . . 3 fr.
— Charlotte. 1 vol. in-12. . . . . 3 fr. 50
Gatti de Gamond (Mme). — Des Devoirs des femmes et des moyens propres à assurer leur bonheur. 1 vol. in-18 . . . . . . 1 fr.
— Esquisses sur les femmes. 2 vol. in-18.. . . . . 1 fr.
— Réalisation d'une commune sociétaire, d'après la théorie de Charles Fourier. 1 vol. in-8. . . . . 6 fr.
Genlis (Mme de). — Mademoiselle de Clermont.— Cléomir. 1 vol. 30 c.
— Laurette et Julia. 1 vol. . . . . 50 c.
Gomzé (C.). — L'Écriture raconte son histoire. In-18.. . . . . . 30 c.
— Si j'étais roi. In-18. . . . . 30 c.
Goncourt (Edmond et Jules de). — Idées et Sensations. 1 beau vol. grand in-8.. . . . . 5 fr.
Gœthe. — Faust, tragédie. 1 vol. in-18. . . . . 3 fr.
Grattan (Thomas Colley). — L'Héritière de Bruges. 3 vol. . . 3 fr.

Guénot-Lecointe. — Le Cadet de Bourg gne. 1 vol. . . . . . . 1 fr.
— La Dernière Croisade. 1 vol. . . . . 1 fr.
Hédouin (A.). — Gœthe. Sa vie, ses œuvres et ses contemporains. 1 vol. in-18. . . . . 3 fr. 50
Heller (R bert). — Un Tremblement de terre. 2 vol. in-32. . . 3 fr.
Hope. — H stoire de l'architecture. Traduit de l'angla s par A. Baron. 2e éd t. 1 très-beau vol. in-8, accompagné d'un atlas de 90 planches gravées. . . . . 12 fr.
Hugo (Victor). — Les Misérables. 10 vol. in-8, édit. de luxe. 60 fr.
— Le même ouvrage, en 10 vol. in-12. . . . . 35 fr.
— Le m me ouvrage. Edit. illustrée de 200 dessins de Brion. 1 vol. in-4. . . . . 10 fr.
— William Shakespeare. 1 beau et fort vol. in-8. . . . . . 7 fr. 50
— Les Chansons des rues et des bois. 1 beau vol. in-8. . 7 fr. 50
— Les Travailleurs de la mer. 15e édit. 3 vol. in 8. . . . . 18 fr.
Humboldt (A. de). — Correspondance avec Varnhagen von Ense et autres contemporains célebres. Traduit par Max Sulzberger 1 beau et fort vol. in-12 . . . . 5 fr.
Joliet (Ch.) — L'Envers d'une campagne. Italie, 1859. 1 vol. in-18. 3 fr.
Kennedy (Miss Grace). — Décision. 1 vol. in-18. . . . . . . 1 fr.
— Jessy Allan la boiteuse. 1 vol. in-18. . . . . 50 c.
— Nouvelles protestantes. 2 vol. in-18. . . . . 2 fr.
— La Parole de Dieu. 1 vol. in-18. . . . . 50 c.
— Visite d'Andrew Campbell à ses cousins d'Irlande. 1 vol. in-18. 50 c.
Labarre (Louis . — Satires et élégies. 1 vol. . . . . 1 fr.
Lacroix (Albert). — Histoire de l'influence de Shal espeare sur le théâtre français, jusqu'à nos jours. 1 vol. grand in-8. . . . . 5 fr.
Lamartine (Alphonse de). — Shakspeare et son œuvre. 1 beau vol. in-8 de 450 pages . . . . 5 fr.
La Véguay. — Inès de Montéja. 1 vol. . . . . 1 fr.
Leclercq E.). — Histoire de deux armurières. 1 vol. in-18. 3 fr. 50
— Gabrielle Hauzy. 1 vol. in-18. . . . . 3 fr. 50
— Contes vraisemblables pour les Enfants. 1 beau vol. in-8 avec 10 grandes illustrations par Césare dell'Acqua. Broché, 6 fr. — Relié, 9 fr.
Léo (André . — Un Divorce. 1 beau vol. in-8. . . . . 5 fr.
Lerchy (Mme de). — Elvire Nanteuil. 1 vol. in-18. . . . . 1 fr. 25
Les Rivaux, imité de l'anglais. 3 vol. in-18. . . . . . . 3 fr. 75
Liedtz (Frédéric). — Apres le couvre-feu. 2 vol. . . . . 2 fr.
Ligne (Prince de). — Œuvres, précédées d'une introduction, par Albert Lacroix. 4 beaux et forts vol. in-18. . . . . 14 fr.
— Mémoires, suivis de pensées et précédés d'une introduction. 1 vol. in-18. . . . . 3 fr. 50
Livre d'or des familles (Le), ou **la Terre sainte**, illustré de 58 pl. rehaussées, dessinées par Hag e. 1 beau vol. in-8, orné de lettrines, de culs-de-lampe et d'une carte de la Palestine. 15 fr.

Lœbel. — Lettres sur la Belgique. Trad. de l'allemand. 1 v. in-18. 1 fr.

Logé. — Dictionnaire de morale, Choix de pensées et de maximes extraites des meilleurs auteurs modernes. 1 vol. in-12. . 3 fr.

Longfellow. — Hypérion et Kavanagh. 2 vol. in-12. . . . . . . 5 fr.

Lucas (H.). — Histoire philosophique et littéraire du théâtre français depuis son origine jusqu'à nos jours. 2e édit. revue et augmentée. 3 vol. in-18. . . . . 10 fr. 50

Lussy (M.). — Réforme dans l'enseignement du piano. 1re partie : Exercices de piano dans tous les tons majeurs et mineurs, à composer et à écrire par l'élève ; précédés de la théorie des gammes, des modulations, du doigté, de la gamme harmonique, etc., et de nombreux exercices théoriques. In-8. . . . . 4 fr.

Mayne Reid. — La Fête des Chasseurs, scènes du bivac. Traduit de l'anglais par O'Squarr Flor. 2 forts vol. in-32. . . . 2 fr. 50

Michelet (J.). — La Sorcière. Nouv. édition. 1 vol. in-18. . 3 fr. 50

Michiels (Alfred). — Névillac. 1 vol. . . . . 1 fr.

— Histoire de la Peinture flamande depuis ses débuts jusqu'en 1864. 2e édit. 6 vol. in-8. . . . . 30 fr.

Millevoye. — Poëmes et poésies. . . . . 2 fr.

Moke (H.-G.). — Du Sort de la femme dans les temps anciens et modernes. 1 vol. in-12. . . . . 2 fr.

Moreau de la Meltière (Mme Charlotte). — Contes variés et tableaux de mœurs. 2 vol. . . . . 2 fr.

Palais Pompéien (Le). — Études sur la maison gréco-romaine, ancienne résidence du Prince Napoléon, par Théophile Gautier, Arsène Houssaye et Charles Coligny. Grand in-8 avec une belle gravure (in-4) d'après Boulanger. . . . . 1 fr.

Pecchio. — Causeries d'un exilé sur l'Angleterre. Traduit de l'italien. 1 vol. in-18. . . . . 1 fr.

Pécontal (Simon). — La Divine Odyssée. Poésies. 1 vol. in-8. . 5 fr.

Pellico (Silvio). — Mes Prisons. Mémoires, précédés d'une introduction biographique de Pietro Maroncelli. Traduction par Léger Noël. 1 vol. in-18 avec cartes et *fac-simile*. . . . . 1 fr.

Pétrarque. — Rimes, traduites en vers, avec le texte en regard, par J. Poulenc. 4 vol. in-18 jésus. . . . . 12 fr.

Pfau (Louis). — Études sur l'Art. 1 vol. in-8. . . . . 5 fr.

Pfyffer de Neueck. — Esquisses de l'île de Java et de ses divers habitants. 1 vol. in-18. . . . . 1 fr.

Potvin (C.). — La Belgique, poëme. 1 vol. in-12. . 1 fr.

Poupart de Wilde (A.). — Anacréon et Sapho, suivis d'autres poésies grecques et latines, traduites en vers. 1 v. gr. in 18. 1 fr. 25

Prévost-Paradol. — Discours de réception prononcé à l'Académie française, le 8 mars 1866. Grand in-8. . . . . 1 fr.

Rambaud (L.). — L'Age de bronze. Poésies. 1 vol. in-18. . . . 2 fr.

Rastoul de Mongeot. — Pétrarque et son siècle. 2 vol. . . 2 fr.

Reade (Ch.).—L'Argent fatal, roman. Trad. de l'anglais. 2 v. in-18. 7 fr.

Reiffenberg (De). — Histoire de l'ordre de la Toison d'or, depuis son origine jusqu'à la cessation des chapitres généraux. 1 vol. petit in-folio, orné de planches coloriées. . . . . 25 fr.
— Résumé de l'histoire des Pays-Bas. 2 vol. in 18. . . . . . 3 fr.
— Le Dimanche, récits de Marsilius Brunck. 1 vol. in-18. . . 1 fr.
— Le Lundi. Nouveaux récits de Marsilius Brunck. 1 v. in-18. 50 c.
Richard (J.). — Un Péché de vieillesse. Roman. 1 vol. in-18. . 3 fr.
— La Galère conjugale. Roman. 1 vol. in-18. . . . . 3 fr.
Romances historicos por um Brasileiro. Nova edição correcta, augmentada e seguida de algumas poesias soltas. 1 vol. in-18. 7 fr. 50
Saint-Génois (Jules de). — La Cour du duc Jean IV. . . . . 2 fr.
— Hembyse. 3 vol. 3 fr.
— Histoire des avoueries en Belgique. 1 vol. in-8. . . . . . 1 fr.
Sand (Maurice). — Le Coq aux Cheveux d'or. Récit des temps fabuleux. 1 vol. in-18. . . . . 3 fr.
Santo-Domingo. — Tablettes romaines. 2 vol. . . . . 2 fr.
Schlegel (A.-W.). — Cours de littérature dramatique. Traduit de l'allemand par Mme Necker de Saussure. 2 vol. in-18. . . . 7 fr.
Sémenow. — Un Homme de cœur. 2 vol. in-32. . . . . . 2 fr. 50
Serret (E.). — Les heures perdues. Poésies. 1 vol. in-18. . . . 3 fr.
Siret (Adolphe). — Dictionnaire historique des peintres de toutes les écoles, depuis l'origine de la peinture jusqu'à nos jours. 2e édit. revue et augmentée. 1 vol. in-8 à 2 col. . . . . 30 fr.
— Gloires et misères. 2 vol. . . . . 2 fr.
Soulié (Frédéric). — Œuvres. 54 vol. in-18 à 50 c. le vol.

Au jour le jour. 2 vol.
Bananier (le). 3 vol.
Chambrière (la). 1 vol.
Château des Pyrénées (le). 3 vol.
Comte de Foix (le). 1 vol.
Comtesse de Monrion (la). 3 vol.
Deux séjours. 2 vol.
Drames inconnus (les). 6 vol.
Duc de Guise (le). 2 vol.
Été à Meudon (un). 2 vol.
Eulalie Pontois. 1 vol.
Forgerons (les). 1 vol.
Homme de lettres (l'). 3 vol.
Huit jours au château. 3 vol.
Il était temps. 1 vol.
Maitre d'école (le). 1 vol.
Marguerite. 2 vol.
Olivier Duhamel. 2 vol.
Pretendus (les). 1 vol.
Quatre sœurs (les). 2 vol.
Romans historiques du Languedoc. 2 v.
Satbaniel. 2 vol.
Serpent (le). 2 vol.
Veau d'or. 6 vol.

Staël (Mme de). — De l'Allemagne. 3 vol. in-18. . . . . . . 3 fr.
— Le même ouvrage. 4 vol. in-32. . . . . 1 fr.
— Considérations sur les principaux événements de la Révolution française. 3 vol. in-8. . . . . 6 fr.
— Le même ouvrage. 3 vol. in-18.. . . . . 3 fr.
— Dix années d'exil. 1 vol. in-8. . . . . 2 fr.
— Le même ouvrage in-18.. . . . . 1 fr.
— Essais dramatiques. 1 vol. in-8. . . . . 2 fr.
— Le même ouvrage in-18.. . . . . 1 fr.
— Littérature. 1 vol. in-8. . . . . 2 fr.

Staël (Mme de) Mélanges. 1 vol. in-8 . . . . 2 fr.
— Morceaux divers. 1 vol. in-8. . . . . 2 fr.
— Le même ouvrage in-18. . . . . 1 fr.
— Notice sur le caractère et les écrits de Mme de Staël. — Lettres sur J.-J. Rousseau. 1 vol. in-8. . . . . 2 fr.

Sue (Eugène). — Œuvres. 37 vol. in-18. Chaque vol. 1 fr.

Plik et Plok. Atar-Gull. 1 vol. in-18.
La Salamandre. 1 vol. in-18.
La Coucaratcha. 1 v l. in-18.
L'Envie. 1 vol. in 18.
La Colère, la Luxure. 1 vol. in-18.
La Paresse, la Gourmandise, l'Avarice. 1 vol. in-18.
L'Orgueil. 2 vol. in-18.
Les Mystères de Paris. 4 vol. in-18.
Paula Monti. 1 vol. in-18.
Latréaumont. 1 vol. in-18.
Le Commandeur de Malte. 1 v. in 18.
Thérèse Dunoyer. 1 vol. in-18.
Le Juif Errant. 4 vol. in-18.
Miss Mary. 1 vol. in-18.
Mathilde. 4 vol. in-18.
Deux Histoires. 1 vol. in-18.
Arthur. 2 vol. in 18.
La Famille Jouffroy. 3 vol. in-18.
Le Morne au Diable. 1 vol. in-18.
La Vigie de Koat-Ven. 2 vol. in-18.
Les Enfants de l'Amour. 1 v. in-18.
Les Mémoires d'un mari. 2 vol. in-18.

Sue (Eugène). — Mademoiselle de Plouernel. 1 vol. in-18 . . . 2 fr.
— Jeanne Darc, la Pucelle d'Orléans. 1 vol. in-18. . . . . 2 fr.
— La Clochette d'Airain. — Le Collier de fer. 1 volume in-18 . . . . 2 fr.
— L'Alouette du Casque, ou Victoria, la Mère des Camps. 1 volume in-18. . . . . 2 fr.
— La Faucille d'or. — La Croix d'argent. 1 vol. in-18. . . 2 fr.
— Deleytar. 2 vol. in-18. . . . . 1 fr.
— Fanatiques (les) des Cévennes. 3 vol. in-18. . . . . . . 1 fr. 50
— Marquise (la Cornélia d'Alfi. 1 vol. in-18 . . . . 50 c.
— Martin l'enfant trouvé. 8 vol. in-18. . . . . 4 fr.
— Les Mystères de Paris. 4 vol. gr. in-18, format anglais, illustrés de 48 vignettes gravées sur bois. . . . . 10 fr.
— Thérèse Dunoyer. 2 vol. in-18. . . . . 1 fr.

Tennant (Emerson). — Notes d'un voyageur anglais sur la Belgique 2 vol. in-18. . . . . 1 fr.

Thyes (Félix). — Marc Bruno. Avec une notice sur l'auteur, par Eugène Van Bemmel. 1 vol. in-18. . . . . 50 c.

Trollope (Antony). — La petite maison d'Allington. Traduit de l'anglais par E. Marcel. 2 vol. in-18. . . . . 7 fr.

Van Bemmel (Eug.). — De la Langue et de la poésie Provençales. 1 vol. in-12. . . . . 2 fr.
— L'Harmonie des passions humaines, fronton du théâtre de la Monnaie, à Bruxelles, par E. Simonis. Notice avec grav. . 75 c.

Vie de Rossini. 1 vol. in-18. . . . . 1 fr.

Vincent (Ch.) et **Didier** (E.). — Enclume ou Marteau. Roman contemporain. 1 vol. in-18, avec 16 illustrations de Valentin, tirées hors texte. . . . . 3 fr. 50

Vinet (A.). — Chrestomathie française, ou cho'x de morceaux tirés des meilleurs écrivains français. 3 vol. petit in-8. . . . . . 13 fr.
Chaque volume se vend séparément :
I. L'ttérature de l'enfance. . . . . 4 fr.
II. Litterature de l'adolescence. . . . . 4 fr
III. L ttérature de la jeunes e et de l'^ge mûr. . . 5 fr.

Wieland (C.-M.). — M u ar'on, ou la Ph losop ie d s Grâ es. Tradu't de l'al emand par Poupart de W de. 1 vol in-18. . . 1 fr. 25

Wiertz (A.). — Peintı re mate. Procéde nouv au 1 vol. in 8 1 fr.

Zola (E.). — La Confession de Claude. 1 v l i -18. . . . . . 3 fr.

Zschokke Henri). — Lettres d'Islande. Traduit de l'allemand, par Émile Tandel. 1 vol. in-18. . . . . 1 fr.

OUVRAGES D'ART

Etudes photographiques Par Ildefonse Rou set — Rense'gnements pour les artistes. Modèles pour les amateurs de dessin . (Paysages. — Sujets, — Plantes, — Fleurs, — Etudes de neige, — Effets de soleil. — Nuages, etc.). Aveo Introduction et notes par Louis Jourdan. 1 magnifique vol. in-4, contenant 40 photographies. Prix du volume, relié et doré. . . . . 75 fr.

Le Bois de Vincennes. — Décrit et photographié par Émile de la Bédollière et Ildefonse Rousset. 1 vol. in-4, orné de 25 magnifiques photographies et d'un plan du bois de Vincennes. Broché : 33 fr. Relié et richement doré. . . . . 40 fr.

Le Tour de Marne. — Décrit et photographié par Émile de la Bédollière et Ildefonse Rousset. 1 vol. in-4, orné de 30 magnifiques photographies et d'un plan topographique du Tour de Marne Relié et doré.. . . . . 50 fr.

— Le même ouvrage, format in-18, orné de 10 photographies et d'un plan du Tour de Marne. Broché, 8 fr.; relié. . . . . 10 fr.

Les photographies contenues dans ces volumes, ainsi qu'une série d'épreuves photographiques se vendent séparément :
Cell s in-4. . . 1 fr. 50. — Celles in-18. . . . . 75 c.

Chez Victor Hugo, par un passant. 1 vol. in-8 orné de 12 eaux-fortes, gravées par Max me Lalanne. . . . . 6 fr.

Photographies des Misérables de Victor Hugo, d après les dessins de G. Brion. Collection complete, 25 sujets in-8 à 1 fr. 25
La même collection in-18, le sujet.. . . . . 1 fr.
Chaque scène ou type se vend séparément.

VOYAGES

•

Bædeker. — Paris. Guide pratique du voyageur, accompagné d'un plan général de Paris et de 6 cartes. 1 vol. de 240 pages in-18, élégamment cartonné. . . . . 4 fr.

Barth (Docteur H.). — Voyages et découvertes dans l'Afrique septentrionale et centrale. Traduit de l'allemand, par Paul Ithier. 4 beaux et forts vol. in-8, avec cartes et gravures. . . . 24 fr.

Du Bosch (A.-J.). — La Chine contemporaine, d'après les travaux les plus récents. Traduit de l'allemand. 2 vol. in-18. . . . 7 fr.

Bussy (Comte E.-H. de). — Indiscrétions d'un Touriste, causeries et anecdotes sur les villes d'eaux d'Allemagne. 1 vol. in-18. 5 fr.

Clot-Bey (A.-B.). — Aperçu général sur l'Égypte. 2 vol. in-18. Ornés d'un portrait et de plusieurs cartes et plans coloriés. . 3 fr.

Considérant (N.). — Souvenirs de voyage. Un Couronnement à Kœnigsberg. 1. vol. in-12. . . . . 1 fr. 50

Duvergier de Hauranne (Ernest). — Huit mois en Amérique. Lettres et notes de voyage. 1864-1865. 2 forts vol. in-18. . . 8 fr.

Frœbel (Julius). — A travers l'Amérique. Traduit de l'allemand par Émile Tandel. 3 beaux vol. Charpentier. . . . . . 10 fr. 50

Guide-Guerber. — Indicateur international universel. Itinéraire et guide postal de tous les services maritimes à vapeur desservant les ports des cinq parties du monde, 2e année. 1 v. in-8. 4 f

Heine (W.). — Voyage autour du monde. Le Japon. Expédition du Commodore Perry pendant les années 1853, 1854 et 1855, faite d'après les ordres du gouvernement des États-Unis. Traduit de l'allemand par A. Rolland. Illustré de 11 vues, dessinées d'après nature par l'auteur. 1 vol. in-8. . . . . 6 fr.

Hivers de Nice (Les). — Impressions et souvenirs. In-18. . . 1 fr.

Lisbôa (Consilheiro). — Relaçao de uma viagem a Venezuela, Nova Granada, Equador. 1 fort vol. in-8, avec une carte. . 15 fr.

Lubanski (Dr). — Guide aux stations d'hiver du littoral méditerranéen. Nice, Hyères, Cannes, Menton, Monaco. 1 fort vol. in-18, avec cartes et vues, 6 fr. Cartonné. . . . . 7 fr.

Paris. — Guide rédigé par les principaux littérateurs et savants français. Illustré par les artistes les plus éminents. 1 beau vol. in-18 colombier, paraissant en avril 1867. (Voir le prospectus détaillé p. 39 à 41.)

Imprimerie L. Toinon et Ce, à Saint-Germain.

www.ingramcontent.com/pod-product-compliance
Ingram Content Group UK Ltd.
Pitfield, Milton Keynes, MK11 3LW, UK
UKHW020312230726
13925UKWH00002B/370